Las brujas
en el mundo

A pesar de haber puesto el máximo cuidado en la redacción de esta obra, el autor o el editor no pueden en modo alguno responsabilizarse por las informaciones (fórmulas, recetas, técnicas, etc.) vertidas en el texto. Se aconseja, en el caso de problemas específicos —a menudo únicos— de cada lector en particular, que se consulte con una persona cualificada para obtener las informaciones más completas, más exactas y lo más actualizadas posible. EDITORIAL DE VECCHI, S. A. U.

A Paolo Trenta y a las brujas...

Traducción de Gustau Raluy Bruguera.

© Editorial De Vecchi, S. A. 2018
© [2018] Confidential Concepts International Ltd., Ireland
Subsidiary company of Confidential Concepts Inc, USA
ISBN: 978-1-64461-004-6
Impreso bajo demanda gestionado por Bibliomanager

El Código Penal vigente dispone: «Será castigado con la pena de prisión de seis meses a dos años o de multa de seis a veinticuatro meses quien, con ánimo de lucro y en perjuicio de tercero, reproduzca, plagie, distribuya o comunique públicamente, en todo o en parte, una obra literaria, artística o científica, o su transformación, interpretación o ejecución artística fijada en cualquier tipo de soporte o comunicada a través de cualquier medio, sin la autorización de los titulares de los correspondientes derechos de propiedad intelectual o de sus cesionarios. La misma pena se impondrá a quien intencionadamente importe, exporte o almacene ejemplares de dichas obras o producciones o ejecuciones sin la referida autorización». (Artículo 270)

Massimo Centini

LAS BRUJAS
EN EL MUNDO

ÍNDICE

Introducción	9
Las fuentes y los métodos de estudio	9
¿Qué es la brujería?	10
El origen de un nombre y de una función	11
¿Son las brujas las últimas practicantes de cultos no cristianos?	12

MUJERES, BRUJERÍA Y PERSECUCIONES

Las brujas en la Antigüedad	15
Magia y brujería en la Antigüedad	15
Las *striges* en la literatura clásica	16
Otros demonios femeninos	17
De Lilit a la mujer-vampiro: las *strigoi* eslavas	18
La misteriosa bruja de Endor	20
Medea y Circe	21
El culto a Isis	21
La feminidad malvada: Diana, Hécate, Herodías	24
De diosa a demonio	26
¡Mujeres sobre todo!	27
El vínculo entre la mujer y el mal en los textos sagrados y en sus comentarios	27
Misoginia imperante	29
¿Víctimas del diablo o de la marginación?	31
Pobres campesinas visionarias	34
La ambigua posición masculina	35
El origen de la caza de brujas	36
Los documentos	36
Aspectos sociológicos de la brujería	40
¿Brujas o herejes?	42
Un cúmulo de acusaciones	42
La elección del hereje	43

Un cambio de actitud	44
Acusaciones comunes para brujas y herejes	47
Un «martillo» contra las brujas	49
LA OBRA DEL TRIBUNAL DE LA INQUISICIÓN	51
Un tribunal sin garantías	51
Un nuevo procedimiento jurídico y una nueva jerarquía	52
Teología y justicia	56
La actividad de los inquisidores	57
Una institución en equilibrio político	59
Las distintas Inquisiciones	60
La Inquisición episcopal	60
La Inquisición española	61
La Inquisición romana	61
La otra cara del Tribunal de la Inquisición	62
TORTURAS Y HOGUERAS	65
La verdad arrancada por la fuerza	66
Los debates sobre la legitimidad de la tortura	69
La pena «justa»	70
LOS GRANDES ACUSADORES	72
Bernardo Gui	72
Nicolau Eymerich	72
Nicolas Jacquier	73
Jean Vineti	73
Tomás de Torquemada	74
Jakob Sprenger - Heinrich Kramer (Institor)	74
Bartolomeo Spina	75
Bernardo Rategno	75
Johann Weyer	75
Jean Bodin	76
Francesco Maria Guazzo	77
Eliseo Masini	77
LOS PROCESOS HISTÓRICOS	80
Juana de Arco: de bruja a santa	80
«Salvar Francia»	80
Una lectura del «caso» Juana de Arco	81
El misticismo	81
El diabólico Gilles de Rais	83
Matthew Hopkins, «cazador de brujas» de Essex	85
Triora, 1589: ¿un lío judicial?	86
Erzsébet Bathory: una bruja-vampiro	88
Caterina de Medici: sierva, amante y bruja	90
Los diablos de Loudun	91

Brujas y ritos indígenas en Salem 93
Los procesos de Bamberg 95
Los excesos de Arras 96
Los abusos en España 96
El caso de los *benandantes* 97
    Los primeros testimonios 97
    Cómo transcurrió el caso 98
    La atribución de connotaciones diabólicas
    y la conclusión del proceso 99
Algunos casos entre la crónica y la leyenda 101
    Brujería y antropofagia en Galloway 101
    La bruja de Wellfleet 101
    Catherine Monvoisin, la envenedadora 102
    El Zorro entre Inquisición y masonería 102
La bruja de Blair: un fenómeno mediático 103
    Los orígenes del caso 103
    El regreso de la bruja 104

RITOS Y MANIFESTACIONES DE LA BRUJERÍA

Los ritos del aquelarre 107
Un rito complejo y misterioso 107
Los lugares predilectos de Satanás 110
El pacto con el diablo 113
La adoración del demonio 114
En la mesa con las brujas 115
    ¿Las brujas se comían a los niños? 116
El aquelarre y los antiguos ritos paganos 119
¿Fruto de la imaginación? 120

Satanás y sus demonios 122
Una criatura con muchos rostros 123
Diablos íncubos y súcubos 125
Diablo de un Robin Hood 127

Volar con una escoba 130
Diana, Hécate, Herodías y Holda 131
Volar con la escoba 131
¿Un viaje imaginado? 132
Un mito europeo relacionado con el vuelo de las brujas:
    la caza salvaje 134

Los animales de las brujas 135
Elementos recurrentes 135
El gato «diabólico» 136

Cabalgaduras infernales	137
El chivo del aquelarre	139
La serpiente	141
Los insectos de Satanás	142
Animales en la olla...	142
El zorro, el lobo y los herejes	145
Animales bajo proceso	146
TRANSFORMARSE EN ANIMAL	147
Una creencia difundida	147
Una interpretación del mito	151
Brujas y licántropos	152
LOS FILTROS DE LAS BRUJAS	155
¿Seres malvados o curanderos?	155
Polvos y ungüentos del diablo	159
Las hierbas de las brujas	161
...y las hierbas contra las brujas	163
¿Toxicomanía?	164
LA BRUJERÍA FUERA DE OCCIDENTE	168
Un término usado impropiamente	168
Brujo o chamán	169
El origen del chamanismo	170
El chamán, hombre de los espíritus	171
Brujería y zombis	173
LA BRUJERÍA Y EL HOMBRE MODERNO	176
La Ilustración contra la superstición	176
Una redención contrastada	176
¿Y hoy?	178
Wicca, ¿un caso probable de brujería moderna?	178
Sectas, espiritualidad y magia	180
El satanismo contemporáneo	183
El diablo, probablemente	184
Brujería y literatura: dos interpretaciones entre los siglos XIX y XX	185
El misterioso Satanás de Giosué Carducci	185
Una bruja llamada Mary Poppins	188
BIBLIOGRAFÍA	190

Introducción

La brujería es, sin duda alguna, un fenómeno muy complejo, variable según el periodo histórico y el área geográfica y todavía parcialmente desconocido, aunque con el paso del tiempo se ha ido forjando un conjunto de tópicos y de ideas preconcebidas.

El aspecto de su historia que más ha impresionado al imaginario colectivo es la caza de brujas, que no fue una simple experiencia conducida por la locura de unos pocos oscuros inquisidores, o debida al miedo y a la ignorancia de personas ciegas por la frustración y por el terror morboso al diablo, sino el resultado de una de las época más problemáticas de la historia occidental. Un periodo en el que convivieron personas de todas las clases sociales y todas las culturas, alimentando una persecución que actualmente todavía es objeto de reflexión para los que estudian las luces y las sombras de nuestro pasado.

Las fuentes y los métodos de estudio

Prescindiendo de las leyendas y de las falsas reconstrucciones históricas, que a menudo esconden claras intenciones anticlericales, existen unas fuentes objetivas que nos proporcionan la imagen concreta de la caza de brujas. Estas fuentes están constituidas por:

— documentos sobre los procesos celebrados contra las brujas;
— libros y manuales usados por los inquisidores;
— ensayos teológicos y jurídicos de eminencias eclesiásticas, y también de personajes laicos, partidarios y contrarios a la persecución de las brujas;
— imágenes del universo de la brujería realizadas por artistas, especialmente del periodo comprendido entre finales del siglo XIV y principios del XVII.

Las tres primeras fuentes nos pueden proporcionar un panorama fiable sobre cómo estaba considerada la brujería y cómo la interpretaba la población de la época. Analizando los documentos sobre la brujería se puede constatar que en muchas ocasiones la caza de brujas fue el resultado del malestar de sociedades que buscaban desesperadamente un chivo expiatorio que diera sentido a su malestar. También fueron importantes las motivaciones religiosas y las

interpretaciones de inquisidores, teólogos y juristas, totalmente supersticiosos y obsesionados por el miedo al diablo y al mal.

Hoy en día los historiadores saben perfectamente que el estudio de la brujería no puede plantearse desde una disciplina científica única. La psicología, la antropología y el psicoanálisis pueden ser grandes ayudas. Asimismo, las ciencias médicas y la historia del derecho pueden ofrecer una contribución valiosa en el estudio de uno de los lados más oscuros de la historia de la cultura occidental.

En este libro se tratarán, con la ayuda de fuentes históricas y de las hipótesis interpretativas más consolidadas, los aspectos históricos principales de la brujería.

¿Qué es la brujería?

Según la definición más común, la brujería es un conjunto de artes mágicas utilizadas con el objetivo de dirigir acontecimientos según un deseo individual. Bruja es, por tanto, aquella que se sirve «con bajeza» de poderes mágicos, utilizados no con el fin de lograr un conocimiento, sino para causar efectos negativos contra otros en la mayor parte de los casos. Esta es la definición de *brujería* de la *Gran Enciclopedia Larousse*:

> Forma maléfica de hechicería, practicada por quienes se supone o dicen haber hecho pacto con espíritus malignos o con el demonio. Los orígenes de la brujería deben buscarse, más que en una pervivencia de cultos paganos en las doctrinas dualistas cátaras extendidas por casi toda la Europa medieval y en las creencias supersticiosas en el poder y la intervención del demonio. Es muy difícil distinguir entre lo que creían hacer las brujas y lo que, quienes las denunciaban o juzgaban, creían que hacían. Es probable que las creencias populares hayan contribuido a configurar las prácticas de brujería (culto al demonio, reuniones [aquelarres] que parodiaban los cultos de la Iglesia en vísperas de fiestas solemnes, misas negras, etc.), como reverso demoniaco del culto cristiano.

De esta breve definición podemos deducir algunos aspectos concretos:

— la brujería es una práctica antiquísima;
— la brujería presupone un vínculo con el demonio;
— el adjetivo *embrujado* se utiliza para indicar experiencias que guardan alguna relación con el mundo de la magia, de la hechicería, del mal.

Consecuencia de ello es que *bruja* (o *brujo*, si bien casi siempre son mujeres) es:

> Persona que, según superstición popular, tiene un poder sobrenatural o mágico emanado de un pacto con el diablo.

INTRODUCCIÓN

LA MAGIA: UNA DEFINICIÓN

Según la *Enciclopedia católica*:

> La magia se distingue de la adivinación solamente en el hecho de que en esta última el efecto misterioso está en el ámbito del conocimiento de cosas ocultas; en la magia, en cambio, está en el ámbito de la producción de cosas insólitas. Cuando la magia perjudica al prójimo, se denomina con más propiedad maleficio. (...) Normalmente se relaciona con la magia natural toda aquella variedad de prácticas en las cuales —debido a la ignorancia de las ciencias naturales— se utilizan medios objetivamente insuficientes, con total buena fe, también de quien se sirve de ellos, con el convencimiento de que tienen la virtud de producir determinados efectos.

Es importante diferenciar entre *magia* y *brujería* porque los magos no fueron perseguidos como las brujas y, además, porque los magos, a diferencia de las brujas, gozaron de buena reputación en las cortes y los círculos de la nobleza.

El origen de un nombre y de una función

Etimológicamente, la palabra *bruja* tiene un origen incierto; el término italiano *strega* viene del vocablo latino *strix* («pájaro nocturno»), aunque el origen de la palabra también es incierto. Los términos franceses *sorcier/sorcière* están relacionados con *sortes*, es decir, con la tradición de pronunciar auspicios, dominio de los magos y de las hechiceras. En cambio, los vocablos ingleses *wizard/witch* derivan del sajón *wicca/wicce,* que corresponden a *sabio/sabia*; un significado parecido tienen en alemán *hexer/hexe*.

El modelo de bruja y su fisonomía se fueron definiendo, según estereotipos todavía difundidos, a partir del siglo XIV, coincidiendo con el inicio de la gran persecución.

Las diferentes funciones eran (y son) sustancialmente similares, pero hubo variantes determinadas por motivos de carácter local.

Aunque en los procesos las acusadas eran casi siempre las mismas, la acción represiva podía cambiar según el país en el que tenían lugar los actos de brujería. Valorando el fenómeno global con las herramientas de las ciencias sociales modernas, se podría plantear la hipótesis de que las brujas fueran personas pertenecientes a clases sociales marginales, contra quienes se proyectaba la agresividad de una sociedad conmocionada por enfermedades, carestías, desastres naturales y guerras, acontecimientos todos ellos que se consideraban guiados por una voluntad maléfica. Desde este punto de vista, las brujas, habrían desempeñado la función «social» de dar un sentido a los males de la existencia.

Grabado del siglo XVII que representa un antiguo anillo mágico

¿Son las brujas las últimas practicantes de cultos no cristianos?

Naturalmente, las interpretaciones exclusivamente sociológicas no pueden darnos una respuesta total al fenómeno de la brujería. De hecho, si las brujas no volaban ni se convertían en animales, no debe excluirse la posibilidad de que hubiera focos de disidencia religiosa dedicados a la magia y quizás al satanismo. Se puede considerar también que aquellas prácticas tildadas de *culto al diablo*, en realidad podían ser experiencias religiosas paganas, que subsistieron en la cultura tradicional mucho tiempo después de la difusión del cristianismo. Atendiendo a las observaciones realizadas hasta este punto, podemos sintetizar la realidad de la brujería del siguiente modo:

— las brujas eran personas que llevaban a cabo acciones rituales orientadas a celebrar a Satanás y a perjudicar a los hombres, en clara oposición al cristianismo;
— la bruja fue una mujer considerada amante de Satanás, por sus comportamientos contrarios a las reglas sociales preestablecidas (entre las mujeres acusadas de brujería había prostitutas, médicas, herbolarias...);
— la mujer denominada *bruja* era el último exponente de una tradición religiosa precristiana y, por tanto, se la perseguía por ser portadora de experiencias rituales que eran la antítesis del cristianismo.

De todos modos, la bruja no fue nunca un personaje definido con nitidez. Su perfil se diluía, se desvanecía en el enigma. Todo esto forma parte de su identidad y seguirá suscitando imágenes que asustan y fascinan. Tal como siempre ha sido y, probablemente, siempre será...

MUJERES, BRUJERÍA Y PERSECUCIONES

Las brujas en la Antigüedad

En nuestra imaginación, la figura de la bruja deriva en gran parte de la imagen literaria, fruto de la mitología medieval aparecida a partir de la gran caza de las mujeres de Satanás. Pero, en realidad, no hay que olvidar que su origen debe buscarse en el mundo clásico.

Magia y brujería en la Antigüedad

En el mundo griego y romano la magia era muchas veces una mezcla compleja de prácticas provenientes de diferentes culturas, entre las que la tradición egipcia (especialmente para los latinos) ocupaba un lugar importante dentro de la variedad de formas rituales. Existen numerosas fuentes al respecto que nos permiten formar una idea muy clara de la difusión alcanzada por la práctica de la magia —en sus distintas formas y derivaciones— en aquellas culturas.

En la tradición clásica se distingue claramente entre la magia autorizada y la magia temida y represaliada (*goeteia*, «magia negra», cuyo nombre deriva de *goos*, «conjuro»); artífices de la magia negra, *maleficius* y *veneficius, striges, sagae*; estas últimas arquetipo de las conocidas brujas medievales.

Según Plinio el Viejo, las prácticas mágicas (*magicae vanitates*) eran la expresión de una ciencia temible y perversa, donde medicina, religión y astrología se amalgamaban en un saber único.

Para el conocido historiador romano, la magia era un producto de la cultura persa, difundida en Occidente por el mago Ostanes, que estuvo en el séquito de Serse durante sus expediciones a Grecia.

Frente a la *goeteia* de Plinio, San Agustín oponía la *theurgia*: el arte mágico positivo, practicado siempre con voluntad directa de aliviar al hombre de su lastre de problemas y angustias.

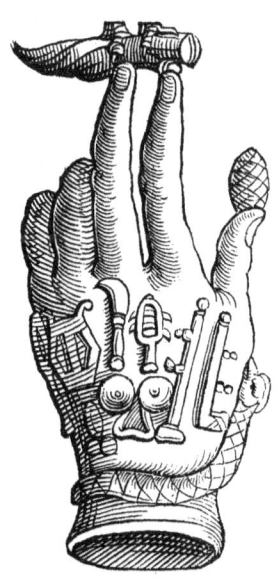

Amuleto romano en un grabado del siglo XVII

Junto a las magas por excelencia, Medea y Circe, la cultura clásica proponía un panorama de figuras a medio camino entre la realidad y el mito (las Lamias, las Erinias, las Furias, las Larvas, etc.), que eran parte integrante del sustrato cultural en que se enraizaban las diferentes formas de magia.

Las *striges* en la literatura clásica

Probablemente, el primer autor clásico que hizo referencia a la *strix* fue el griego Teócrito. Sin embargo, las informaciones principales que nos dan la posibilidad de definir este ser a partir del cual ha tomado forma la bruja típica nos llegan del mundo romano.

Se creía que las *striges* eran capaces de convertirse en pájaro para cometer sus ignominias. De hecho, la *strix* era un pájaro nocturno, sediento de sangre y envuelto de un simbolismo inquietante. En muchos aspectos parecido al búho, se imaginaba como un ave de cabeza grande, ojos fijos y garras de rapaz. Su nombre derivaría de su siniestro chillar en medio del silencio de la noche.

Según estas fuentes, el país de origen de las *striges* era la región comprendida entre Tracia y Tesalia, mientras que en Italia los «lugares» de las brujas eran Etruria y Marsica. Horacio nos habla de estas mujeres demoniacas en *Arte poética*, en tanto que Ovidio las identifica en los *Fastos* como mujeres-pájaro, cuyo escondrijo estaría oculto entre los montes Sibilinos. Algunas tenían nombres propios, como Sagana, Veia, Folia y Canidia, que en una epoda de Horacio «tiene nudos de víboras entre la melena salvaje, plumas de lechuza y huevos de sapo untados de sangre, hierbas de Iolco y hierbas de Iberia fecundas de veneno, huesos arrancados de la boca en ayunas de una perra hace hervir sobre llamas de encantamiento».

LAS MISTERIOSAS *DEFIXIONUM TABELLAE*

Paralelamente a la documentación literaria, tenemos una serie de informaciones obtenidas en las excavaciones arqueológicas que nos permiten reconstruir cómo eran las prácticas de la magia en la Antigüedad. Se trata de papiros mágicos y de objetos destinados a la práctica de magia negra, como tablas de plomo con fórmulas para sortilegios y maleficios. En estas tablas, llamadas *defixionum tabellae*, se grababa el nombre de la víctima acompañado de toda una serie de invocaciones y de fórmulas mágicas típicas de la *goeteia*, que tenían como objetivo causar enfermedad, muerte, desgracias y sufrimientos al destinatario del maleficio.

La bruja clásica tenía el poder de: «(...) animar imágenes de cera (...) y de hacer descender la Luna del cielo con los hechizos, de resucitar a los muertos quemados en la hoguera y de preparar filtros de amor».

(Horacio, *Epodas*, XVII, 76)

Aunque, según el inquisidor Bernardo Rategno, el término *strix* derivaría del mítico río del infierno Stige, la relación entre la bruja y el pájaro nocturno fue, en cierto modo, «confirmada» con Ovidio:

> En la Pallene hiperbórea viven hombres que, después de haberse sumergido nueve veces en el lago Tritón, se cubren de plumas ligeras. Yo no lo creo, pero se dice que las mujeres *scitas* son capaces de hacer lo mismo, untándose las extremidades con ungüentos mágicos.
>
> (*Metamorfosis*, XV, 386)

Ovidio asimilaba las *striges* con las magas *scitas*, poniendo en evidencia la creencia según la cual estas mujeres tenían el poder de transformarse en aves rapaces:

> Hay unos pájaros insaciables, no los que robaban la comida
> de la boca de Fineo, pero vienen de ellos:
> cabeza grande, ojos fijos, con pico rapaz y con plumas
> blancas y las garras hechas a modo de gancho;
> vuelan de noche y buscan niños que están sin niñera
> los roban de las cunas y luego los despedazan.
> Se dice que con el rostro desgarran las vísceras de los lactantes
> y se llenan el buche con la sangre chupada.
> Y se llaman *striges*, cuyo nombre deriva de esto:
> que suelen de noche chillar horrendamente.
>
> (*Fastos*, VI, 131)

Otras referencias concretas se encuentran en Horacio (*Epodas*, V, 20) con la figura de Canidia, o en las mujeres diabólicas de Propercio (*Elegías*, IV, V, 7).

Otros demonios femeninos

Todavía en la Antigüedad encontramos la Empusa, un demonio femenino muy parecido a un fantasma que se aparecía cada vez con un aspecto diferente, gracias a lo cual conseguía llevar a cabo sus acciones malvadas; también podía

---

EL DRAMA DE LAMIA

La joven y bella Lamia fue la amante de Zeus, con quien tuvo varios hijos. La mujer del señor del Olimpo, Hera, para castigar a la desdichada Lamia exterminó su prole y después la convirtió en un monstruo, mitad mujer mitad serpiente. Loca de dolor, Lamia empezó a matar a los niños de los demás con el deseo de saciar su sed de venganza. A esta figura mitológica, caracterizada por la maldad, se la puede considerar un antepasado de la bruja medieval.

adoptar el aspecto de un animal, aunque generalmente se manifestaba como la seductora que daba muerte a los hombres con quienes se acostaba chupándoles la sangre.

Igual que la Empusa, la Lamia (de Lamia, la mítica amante de Júpiter, que creía estar dotada del poder de convertirse en animal) estaba considerada una criatura del mal, que mataba hombres y niños y devoraba sus miembros. Su aspecto cambiaba continuamente y la noche era para ella el momento idóneo para llevar a cabo libremente sus fechorías.

La relación perversa con los niños aproximaba a la Lamia a la diabólica figura de Lilit, la «primera Eva»; en efecto, al igual que esta última, se alimentaba de niños todavía con pañales, insinuándose a escondidas en las casas envueltas por el sueño (Aristófanes, *Pax*, 758; Ovidio, *Fastos*, V, 131; Horacio, *Ars poetica*, 340).

En Luciano, la Lamia confirma la figura típica de la bruja:

> Una horrible flaqueza excavaba las mejillas de la sacrílega, y el rostro, ignaro del cielo sereno, estaba horriblemente oprimido por la palidez infernal y grabado por el cabello descompuesto. Si las nubes oscuras ofuscan las estrellas, Tesala sale de los desnudos sepulcros e intenta capturar los relámpagos nocturnos. Allí donde pisa quema la semilla de una mies fecundada y con el aliento corrompe el aire que antes no era mortal.

De Lilit a la mujer-vampiro: las *strigoi* eslavas

La creencia en la existencia de un genio femenino del mal que rapta recién nacidos se difundió también fuera del mundo clásico, como se ve, por ejemplo, en las *Mil y una noches*, donde encontramos el demonio-vampiro Oneiza.

Según la tradición, si se lograba capturarla, se podía rescatar a los niños vivos arrancándolos de su vientre. Este argumento adoptó forma de drama en los escenarios de los teatros, convirtiéndose en símbolo del mal vencido por las fuerzas del bien.

La horrible criatura continuó siendo la expresión demoniaca en la Edad Media y adquirió connotaciones que, en cierto sentido, le aportaban un gran parecido a muchos demonios súcubos, agitadores del sueño de los justos.

En un fragmento de Giovanni Damasceno (siglos VII-VIII) se habla de mujeres *(stryngai, gheloudes)* que volaban alrededor de las casas en las que vivían recién nacidos, entraban en las habitaciones cuando se les presentaba la ocasión y los mataban.

El hecho de transformarse en ave nocturna para llevar a cabo acciones malévolas sin ser reconocida es una característica que se da también en el vampiro moderno, que posee el don natural de convertirse en murciélago.

En las fuentes más antiguas puede ocurrir incluso que la bruja y el vampiro acaben superponiéndose en parte, quizá reflejando la tradición de las *strigoi* eslavas, que reúnen muchas características del no-muerto con el modelo más

LILIT: BRUJA Y VAMPIRO

Criatura de la oscuridad que atormenta el sueño de los hombres y bebe su sangre, Lilit es el fruto de una tradición mitológica fuertemente condicionada por la tradición de ultratumba mesopotámica.

Una de las pocas referencias bíblicas sobre Lilit se encuentra en Isaías, que, describiendo el fin del reino de Edom y el consiguiente resurgir del caos primigenio, menciona el demonio femenino para indicar un ave nocturna, quizás un mochuelo o un búho:

> Perros salvajes se encuentran con las hienas,
> y los sátiros acuden a la llamada;
> allí todavía vivirá Lilit, y allí encontrará reposo.

(Isaías, 34, 14)

El miedo antiguo de que Lilit, el demonio nocturno, atormentara el sueño de los hombres y diera muerte a los recién nacidos, se confirma en una fragmentada versión sumeria de un ritual exorcista (1500-1200 a. de C.):

> Ya se trate de la muerte, o de un ladrón...
> o de un espectro malvado...
> o de Lilu o Lilitu, o de la sierva de Lilitu,
> que en la casa de (...), hijo de (...), se instalaron
> para derrotarlo o matarlo,
> y están atados detrás de la casa,
> trastornan el interior de la casa,
> cambian su intelecto, les arrancan
> y les aprietan los riñones
> uno contra el otro,
> en los ojos de las personas
> han aridecido las lágrimas.

Como Satanás en versión femenina, Lilit aparece en la noche de Valpurgis del *Fausto* de Goethe. La relación de Lilit con la noche ha vinculado este demonio de la oscuridad con la simbología astral; indica un misterioso asteroide (la Luna Negra), que gira alrededor de la tierra con un ciclo de 177 días, pero que es invisible por su proximidad al cono de sombra que hay entre la tierra y el sol.

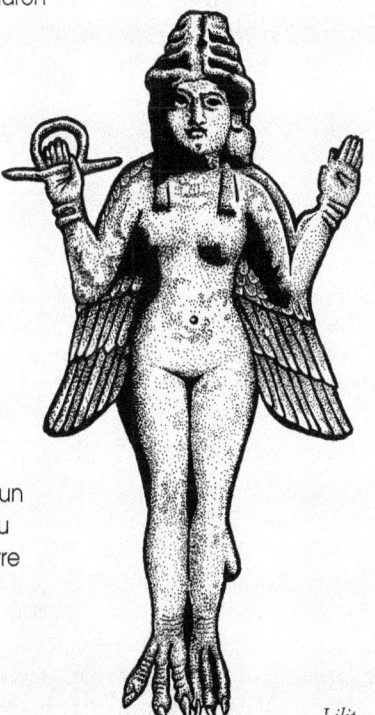

Lilit

extendido, de origen clásico, de la mujer diabólica, hija de la noche y entregada al mal por completo.

El término *strix*, difundido en las áreas donde el latín ha proporcionado un sustrato básico en la formación de las diferentes lenguas, en Rumanía expresa toda su ambigüedad. Con el vocablo *strigoi* se designan criaturas nocturnas, muy temidas. Sin embargo, hay que hacer una distinción: aunque *strigoi* es el término que se encuentra con más frecuencia en la literatura folclórica, en la tradición local aparecen *strigoi mort* y *strigoi vii*. Los primeros son vampiros, mientras que los segundos pertenecen al universo de las brujas y los brujos que, después de morir, podrán convertirse de *strigoi vii* en *strigoi mort* y continuar así llevando a cabo su nefasto poder entre los hombres.

Mircea Eliade lo ha resumido perfectamente:

> En rumano *striga* ha derivado en *strigoi*, que significa «bruja», tanto en el sentido de bruja viva como de bruja muerta (sinónimo, en el segundo caso, de vampiro). Las *strigoi* nacen envueltas en la membrana amniótica y, al llegar a adultas, se visten con ella y se hacen invisibles.
>
> De ellas se dice que poseen poderes sobrenaturales. Por ejemplo, pueden entrar en una casa con las puertas cerradas o jugar sin peligro con lobos y osos.
>
> No les falta ninguna de las características maléficas de las brujas: son portadoras de epidemias para los hombres y para el ganado, atan o desfiguran a los hombres, provocan sequías atando la lluvia, cogen la leche de las vacas y, sobre todo, echan el mal de ojo. Las *strigoi* pueden convertirse en perros, gatos, lobos, caballos, cerdos, sapos y otros animales.
>
> (ELIADE, M., *Occultismo, stregoneria e mode culturali*, Florencia, 1982, pág. 88)

La misteriosa bruja de Endor

La bruja de Endor, que aparece mencionada en el Antiguo Testamento, representa la imagen por excelencia de la bruja clásica, hábil con la magia, muchas veces con fines ilícitos.

En el Primer Libro de Samuel (28, 1-25) encontramos efectivamente la mujer «que posee el poder de evocar». Se trata de una nigromante que actúa al límite de la ley porque «Saúl había hecho desaparecer del país a los nigromantes y a los adivinos». Además, el texto bíblico nos aporta una información importante sobre la represión ejercida contra la brujería: cuando Saúl acudió a la bruja de Endor para evocar el espíritu de Samuel, la mujer opuso resistencia, temiendo ser objeto de un engaño y acabar sufriendo la pena reservada a magos y nigromantes. Pero cuando Saúl le garantizó la inmunidad, la mujer realizó libremente sus magias. A través de la interpretación de los Padres de la Iglesia, la bruja de Endor se convirtió en una especie de icono de la mujer malvada, entregada a la magia. Algunos la denominaron *mulier habens pythonem* porque se la relacionó con la Pizia. De ahí se acuñó el término *pitonisa*, con el que se pasaron a designar a las mujeres que practicaban la magia con fines negativos.

Medea y Circe

Medea y Circe son las dos magas clásicas que, gracias a la fama alcanzada en la literatura, aparecen con más frecuencia en la tradición moderna de la brujería.

La historia de Medea es una historia dramática, hecha con dolor y muerte. Hija del rey de la Cólquide, hizo todo lo posible por ayudar a Jasón, por quien profesaba un profundo amor. Sirviéndose de sus conocimientos de magia permitió al héroe apropiarse del vellocino de oro, enfrentándose incluso a su padre y acabando con la vida de su hermano Apsirto. La magia está presente en la existencia de esta mujer, que realizó todo tipo de sortilegios por amor a Jasón, con quien se casó y tuvo dos hijos. Cuando el amado la abandonó para reunirse con otra mujer, Medea usó magia contra ella. Fingiendo resignación, regaló a la joven, hija del rey de Corinto, un vestido mágico que se convirtió en llamas en cuanto se lo puso y quemó a la prometida de su amado Jasón.

Medea desapareció en un carruaje tirado por dos caballos alados. Después fue a Tebas, a Atenas, a Italia y finalmente a Tesalia, patria de la magia y de los sortilegios. En todas partes ejerció su arte de magia, a la que su nombre permanecerá siempre unido.

Menos trágicas son las experiencias de Circe, que probablemente al principio era diosa de la muerte y, según algunas versiones, hija de Hécate, divinidad que en la Edad Media, como ya hemos visto, fue señalada junto con Diana y Herodías como una de las «guías» de las brujas en el aquelarre. Circe aparece en el ciclo de los Argonautas y en *La Odisea*. En el primer caso tiene un papel marginal, pero en la obra de Homero la maga tiene el poder de transformar a los hombres en animales. Ulises se salvó porque poseía un amuleto que le había dado Hermes, una flor blanca con raíces negras que sólo podían encontrar los dioses. Con esta protección el héroe no fue víctima de los sortilegios de la maga y logró que sus compañeros, convertidos en cerdos, recuperaran sus semblantes originarios. Sin embargo, Ulises permaneció un año en la isla de Circe y tuvo un hijo con ella.

Hay que destacar que ni Medea ni Circe corresponden a la imagen de la mujer perseguida, típica de la «caza de brujas» de la Europa medieval, ya que las brujas occidentales fueron acusadas, sobre todo, de practicar el culto al diablo, experiencia que, por motivos obvios, no formaba parte de las actividades de las brujas clásicas.

En realidad, Medea y Circe fueron magas capaces de alterar la materia, recurriendo a fuerzas oscuras que desde siempre aterrorizan a los hombres y a sus débiles certezas terrenales.

El culto a Isis

Una figura central de la brujería de todos los tiempos es la diosa egipcia Isis. Este personaje, que desde el Renacimiento hasta nuestros días ha estado relacionado estrechamente con cultos misteriosos y rituales esotéricos, es una

divinidad enigmática y llena de fascinación. Sin lugar a dudas, Isis era la divinidad más familiar del olimpo egipcio.

Hermana y esposa de Osiris, concibió a su hijo Horus del cadáver descompuesto de su marido. Esta divinidad, emblema de la esposa fiel que supera los obstáculos de la muerte, se convirtió también en símbolo de la madre afectuosa, condicionando así la imagen de las sucesivas divinidades femeninas.

Al lado del aspecto más humano y terrestre, Isis posee una fuerte connotación mágica y se convierte en una dispensadora de milagros, en particular a favor de las mujeres y de los niños. He aquí lo que dice una inscripción clásica:

> Soy la madre de toda la naturaleza, señora de todos los elementos, origen y principio de los siglos, suprema divinidad, primero de los habitantes del cielo [...].
>
> Unos me llaman Junone, otros Belona, algunos Hécate, otros Ramnusia. Pero los pueblos de las dos Etiopías y los egipcios me honran con el culto que me es propio y me llaman con mi verdadero nombre: la reina Isis.

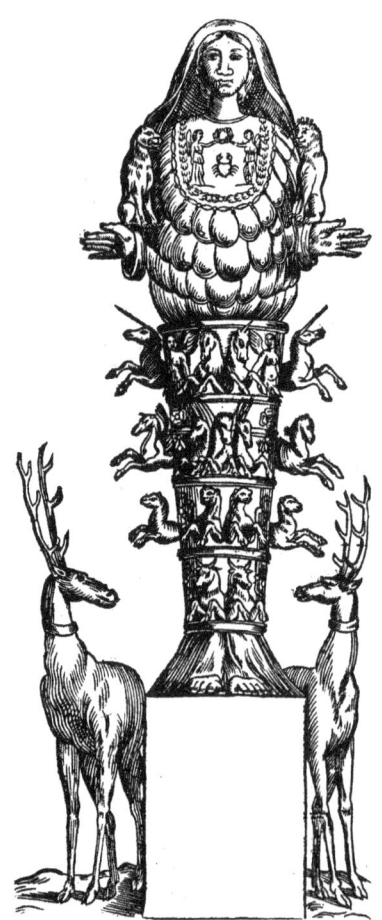

Isis

EL BRUJO APULEYO

En el año 158 d. de C., Apuleyo, un joven filósofo platónico, fue obligado a comparecer ante el procónsul romano en África, Claudio Máximo, en Sabrata (proximidades de Trípoli), acusado de magia. Apuleyo asumió su propia defensa. Sus argumentos han llegado hasta nuestros días y se conocen como *Apología* o *Pro se de magia liber*.

El filósofo fue acusado de haber atacado con la magia a una tal Pudentilla, madre viuda de su amigo Ponciano, y de haberla inducido a casarse con él (tenía treinta años, y ella, cuarenta), para aprovecharse de su suculenta dote. Apuleyo fue acusado de haber realizado filtros de amor *(amatoria pocula)* para obtener los favores de la mujer. La acusación era grave porque, según la *Lex Cornelia*, estaba castigada con la pena de muerte. En realidad, el asunto no estaba totalmente claro y en muchas ocasiones la declamación retórica del acusado se sirve de hechos no siempre fácilmente comprensibles.

Cuando se le acusó de haber utilizado peces para efectuar trabajos, Apuleyo impugnó las acusaciones, afirmando que necesitaba aquellos animales para observaciones científicas.

Es interesante señalar que Apuleyo consideraba su discurso no como una defensa privada, sino como la defensa de la filosofía: «Yo no defiendo sólo mi causa, sino la de la filosofía» (Cap. III).

Apuleyo destacaba que la magia «es un arte apreciado por los dioses inmortales, a quienes sabe rendir honor y veneración, ciencia piadosa y divina, sacerdotisa del cielo» (Cap. XXVI).

Se trata de una magia positiva, es decir, una magia que lleva al conocimiento, a la calificación de la relación entre el hombre y las fuerzas superiores, aquellas fuerzas que en la concepción platónica era posible percibir, conocer y mandar, a través de la mediación de seres intermedios:

> Y sin embargo creo, con Platón, que entre los dioses y los hombres existen potestades divinas, intermedias por su naturaleza y por el espacio que ocupan, pero que gobiernan todas las adivinaciones y los milagros de la magia.

> (Cap. XLIII)

La fortuna de Isis no se limitó a la tierra del Nilo. Los testimonios arqueológicos nos confirman la enorme difusión de su culto, que se extendió, concretamente con la conquista romana, más allá de las fronteras de Egipto, alcanzando localidades muy lejanas. Apuleyo, escritor y filósofo latino del siglo II d. de C., se inició en los misterios de Isis y describió aquel ritual en el *Asno de oro*.

Isis aparece en numerosos tratados de magia, aunque generalmente son obras pertenecientes a la tradición renacentista, surgida sobre la base del redescubrimiento de la cultura esotérica egipcia.

AQUELLOS DIABLOS DE DIANA Y HERODÍAS...

Según el jurista Alfonso Tostado (primera mitad del siglo XV):

> No se niega el hecho de que las mujeres puedan ser transportadas por el diablo en la noche a través de espacios diferentes, pero está prohibido creer todo lo que ellas afirman, es decir, convertirse en seguidor de Herodías o de Diana, diosa de los paganos, y creer que Diana es una diosa, igual que los paganos creían en la existencia de más divinidades. Por tanto, afirmar que aquella Diana es una diosa no sólo es un error, sino un error de fe. (...) Son diablos, estas Diana o Herodías, que se hacen adorar como si fueran diosas. (...) Precisamente aquí está el error: que las mujeres digan que Diana es una diosa cuando Diana es el diablo. Por tanto, creer que el hombre pueda ser transportado por el diablo a través del aire no es creer en el diablo ni alejarse de la fe, puesto que las Sagradas Escrituras afirman cosas parecidas, por ejemplo cuando Cristo fue transportado por el diablo.

La feminidad malvada: Diana, Hécate, Herodías

Es diferente el caso del culto a Diana, una divinidad ligada a la naturaleza y acomodada en el universo salvaje de bosques y selvas. Quizá por esta razón Diana fue considerada por todos los que luchaban contra la brujería como la guía de las mujeres entregadas a Satanás, la Señora del Juego, de quien hablaremos más profundamente a continuación.

La antigua creencia sobre la denominada «Sociedad de Diana» (o «Compañía de Diana») se convirtió en uno de los motivos básicos que caracterizan la brujería medieval. Diana acabó asimilándose en casi todas partes con el diablo, expresión del mal absoluto. Por ejemplo, en la *Vida de San Cesáreo de Arles* (siglo VI) se menciona un diablo llamado *Dianum*.

Sabemos, por san Eligio (siglo VII), de la prohibición de «invocar los nombres de los demonios Neptuno, Orco y Diana». En cambio, en San Martín el diablo aparece bajo los restos de Júpiter, Venus, Minerva y a veces Mercurio. Tomás da Cantipr hace referencia a unos diablos *ut Diana* que transportaban a los hombres de una región a otra y que exigían ser adorados como divinidades.

Posteriormente, al nombre de Diana se sumó el de Herodías, lo cual daba a la guía femenina de las brujas una carga doblemente negativa: por un lado, la diosa pagana, y por el otro, el mito cristiano de la perversión.

A Diana se la identificaba con la Luna, un astro ligado a la mujer por su carácter cíclico; amaba la muerte y encarnaba, al mismo tiempo,

> una de las formas de la triple Hécate, la diosa de la magia adorada con rituales misteriosos, encaminados sobre todo a excitar la imaginación. Hécate, honrada

en Éfeso con danzas de mujeres, encarnaba los espectros y los fantasmas de la tierra, pero sobre todo le gustaba aparecer de noche con su séquito, almas sin sepultura o muertas antes de tiempo, en búsqueda de paz.

(ABBIATI, S., A. AGNOLETTO y M. R. LAZZATI,
La stregoneria. Diavoli, streghe, inquisitori dal Trecento al Settecento,
Milán, 1984, pág. 22)

La unión de Diana, Hécate y Herodías no cambió el papel negativo de la figura femenina que encabezaba la legión de mujeres de Satanás, y en las distintas localidades donde se consolidó, adquirió también otros nombres celtas o germánicos (Perchta, Holda, Unholda): su imagen no cambiaba sustancialmente y seguía estando considerada una criatura malévola y *alter ego* de Satanás.

Como señalaba Tartarotti en época más reciente:

El moderno Congreso Nocturno de las Brujas no es sino una mezcla de la Lilit de los hebreos, de la Lamia y de las Quelone de los griegos, de las estriges o brujas, hechiceras de los latinos, y de la brigada nocturna que, protegida por Diana o por Herodías, se suponía que vagaba de noche por toda Europa. [...]

En su sociedad, como Bartolomeo Spina, Gianfranco Pico, Delrio, Cardano y otros atestiguan, las preside a todas una reina con el rango de *Magna Domina*,

Hécate

o también *Domina Cursus*; y no es otra que la antigua Diana, es decir, un demonio que se dejaba ver antiguamente en forma de Diana y de Herodías. Ahora ha cambiado de vestido y de uniforme, pero no de oficio y de esencia.

(*Del Congreso notturno delle Lammie*, Rovereto, 1749)

De diosa a demonio

Ya en una época previa a la caza de brujas, los inquisidores medievales señalaban en la cabeza de las manifestaciones de brujería (como, por ejemplo, el aquelarre) la que identificaban como Señora del Juego, una criatura cuyas características nos llevan a la imagen de la divinidad pagana.

Guillermo de Alvernia en su *De Universo* (1249) llama Satia a la Señora del Juego (cuyo nombre, según el propio autor, significaría «saciedad»), considerándola sinónimo de *Domina Abundia*, aquella que «aportaba saciedad a las casas visitadas». En este apelativo encontramos algunas referencias a la *Bona Dea* romana, a quien estaba dedicado el culto mistérico celebrado solamente por mujeres y relacionado estrechamente con la fertilidad.

Se cree que *Domina Abundia* es la forma latinizada del francés *Dame Abonde* (Señora Abundancia), que hallamos también en un poema alegórico francés del siglo XIII, el *Roman de la rose*.

Las fiestas romanas de la *Bona Dea*, como la *Priapeia*, tenían en la orgía un elemento dominante, que condicionó claramente la interpretación serena de la dimensión ritual del *ludum*, el «juego» medieval, cargado de un simbolismo ligado a los antiguos cultos agrarios. A partir de las declaraciones de las mujeres acusadas de participar en el «juego» sabemos que estos encuentros no tenían nada de diabólico. La fuerte carga negativa atribuida a la *Bona Dea* en el «juego de la buena sociedad» fue, sin lugar a dudas, un elemento que añadieron los inquisidores, turbados por las habladurías de las orgiásticas fiestas paganas que caracterizaban a los ritos clásicos.

Juvenal describía así los misterios de la *Bona Dea*, que se convirtieron, en la mente de los inquisidores, en el prototipo de los cortejos dirigidos por Diana en el aquelarre:

> Bien conocidos son los misterios de *Bona Dea*, cuando la flauta excita
> [las cinturas,
> y se mueven exaltadas por el sonido del cuerno y por el vino
> y Menadi de Príapo, menean la melena y gritan.
> ¡Cuán impelente es, entonces, en aquellos ánimos el deseo de abrazar!
> ¡Qué voz cuando la libido se subleva!
> ¡Qué torrente de vino viejo corre por sus húmedos muslos!
>
> (*Sátiras*, VI, 314)

De aquí a la demonización de la «mujer» no había más que un paso.

¡Mujeres sobre todo!

Muchos estudios han puesto de relieve en numerosas ocasiones el hecho de que la caza de brujas fue principalmente una lucha violenta contra las mujeres por parte de un poder en gran parte misógino. Sabemos que la acusación principal que se les imputaba era haber sellado un pacto con Satanás y, por consiguiente, haberse alejado de la fe cristiana. A las brujas también se las acusaba de llevar a los hombres al pecado, a menudo de naturaleza sexual.

Es significativo que en la tradición cristiana los vicios capitales siempre se hayan descrito y representado con características femeninas. Además, los demonios, en las fantasías y en las visiones de los religiosos que se sometían a todo tipo de privaciones, se presentaban casi siempre como mujeres fascinantes y provocadoras.

El vínculo entre la mujer y el mal en los textos sagrados y en sus comentarios

La mujer estaba considerada el instrumento del diablo y, por lo tanto, tenía la función de conducir a los hombres hacia el pecado y la perdición.

Pero la demonización de lo femenino venía de lejos. Ya en la Biblia tenemos referencias concretas de tintes muy machistas.

En el Antiguo Testamento encontramos diferentes indicaciones, todas muy precisas, sobre cómo comportarse con las brujas: en el Éxodo se afirma perentoriamente: «No dejarás vivir a aquella que practique la magia» (22, 17); en el Levítico se especifica: «Si entre vosotros hay un hombre o una mujer que sea nigromante o adivino, debe ser muerto: lapidadlo. Que su sangre caiga sobre ellos mismos» (20, 27).

Es emblemático que el Éxodo ponga en evidencia el sexo femenino de quien practica el arte de la magia. En el más reciente Talmud se dice: «La mayor parte de las mujeres están familiarizadas con la brujería» (Sanedrín, 67 a.).

Ciertamente, la tradición judaica sentó las bases para relacionar directamente a la mujer con la brujería, una combinación que condicionaría profundamente la posterior cultura antisatánica. Encontramos en el Eclesiástico: «La mujer está llena de malicia. Todas las malicias y todas las perversidades provienen de ella» (25, 13); y sigue: «[...] muchas veces, presas del delirio, matan a sus niños» (25, 81).

La vanidad se consideraba un pecado muy grave que animaba al diablo a aproximarse a las mujeres para inducirlas a convertirse en brujas (siglo XV)

Es significativo que en un texto apócrifo cristiano eslavo, la *Antigua crónica rusa* (un documento del siglo IX), se puntualice: «Las mujeres más bellas son causa de carestía, impiden la abundancia; una vez eliminado este obstáculo, se reencontrará la abundancia».

Sin duda, el modelo de la creación de Eva, y su origen derivado del hombre, determinó una reducción de la mujer en la escala de valores, que contó además con el apoyo de la tradición religiosa que certificaba teológicamente la inferioridad femenina.

Los Padres de la Iglesia, acerca del problema de la diferencia entre macho y hembra, muchas veces apelaban a la autoridad de San Pablo, que en la Primera Carta a Timoteo escribió: «La mujer escuche la instrucción en silencio con total sumisión. No permito a la mujer enseñar ni dictar ley al hombre, permanezca en silencio. No fue Adán quien fue seducido e inducido a la transgresión» (2, 11-14). San Agustín, en la misma línea, se mostró cauto y preocupado en lo relacionado con la mujer, actitud que se acentuó después de convertirse: «No importa que sea esposa o madre, siempre es Eva, la seductora, a quien debemos temer en todas las mujeres» (Carta 243).

Tertuliano, en su *Tratado sobre los ornamentos femeninos*, aclaraba:

¿Y tú querías ignorar que eres una Eva? Todavía vale en este mundo la sentencia de Dios sobre tu sexo, según la cual debe sobrevivir también tu culpa. Eres tú quien ha permitido el acceso al diablo, tú rompiste el secreto de aquel árbol,

tú fuiste la primera en infringir el orden divino, y también has sido tú quien ha encantado a aquel a quien el diablo no osaba acercarse. Lo has tenido fácil para derribar al hombre, imagen viviente de Dios.

Según la interpretación de muchos inquisidores, las mujeres eran presa fácil del demonio, que se acercaba a ellas con apariencias falsas para inducirlas a pecar (siglo XV)

Sin duda, la identificación de la bruja como receptáculo del mal, como parte de la propia constitución femenina, fue la que durante mucho tiempo continuó dominando la interpretación general, incluso fuera del ámbito estrictamente jurídico relacionado con la caza de brujas.

Misoginia imperante

El tratado *La Somme des pechez* (1584) interpretaba así la palabra *mulier*:

M: la mujer malvada es el mal de los males; U: la vanidad de las vanidades; L: la lujuria de las lujurias; I: la ira, la cólera de las cóleras; E: la furia de las furias (alusión a Erinia); R: la ruina de los reinos...

Este estereotipo se difundió en todas las clases sociales, aunque las brujas continuaron siendo consideradas exponentes de las clases más bajas.

En el imaginario colectivo las brujas se consideran frecuentemente ancianas, pero en realidad muchas eran muy jóvenes (siglo XVI)

Para Gerolamo Cardano las brujas eran viejas miserables y mendigas que vivían en el campo alimentándose de castañas y de hierbas. Para Nicolás Remy eran «mendigas, capaces de vivir sólo con las limosnas».

Para Johann Weyer las brujas eran «pobres criaturas ignorantes, viejas y carentes de poderes».

La ciencia médica de la época, a pesar de no estar totalmente influenciada por los tópicos antifemeninos de la teología de los cazadores de brujas, notó el peso de la misoginia.

Un ejemplo que no necesita comentarios nos llega de Laurent Joubert, «consejero y médico ordinario del rey (Enrique III), doctor de corte, canciller

«EL BRUJA»

Algunos estudiosos utilizan el término *bruja* tanto para mujeres como para hombres. Esta decisión se debe a dos motivos muy concretos. El primero es de carácter lingüístico: la palabra *witch* en inglés no tiene género. El segundo se debe al hecho de que *bruja* debe considerarse un concepto, y como tal, aplicable sin distinción de sexo a quien era acusado de participar en el culto satánico y de difundir el mal.

y juez de la universidad de medicina de Montpellier», que en su libro *Errores populares* (1578) afirmaba: «El varón es más digno, excelente y perfecto que la mujer», la cual «es como un defecto cuando no se puede hacer mejor».

Tampoco necesita comentarios la descripción de las características del semen destinado a procrear un varón:

> El semen es, por sí mismo, indiferente [...], se convertirá en cuerpo masculino o femenino según la disposición de la matriz y de la sangre menstrual [...]; a menudo degenera en mujer, por la frialdad y la humedad de la matriz [...] y por el exceso de sangre menstrual, cruda e indigesta [...].

La posición y la función de la mujer siguieron estando marcadas durante mucho tiempo, incluso al final de la caza de brujas, por una profunda ambigüedad que, sin lugar a dudas, ha propiciado la formación de tópicos que han llegado hasta nuestros días. La imagen de la bruja es, en este sentido, uno de los casos más indicativos y que constituye todavía hoy un punto oscuro en la historia de la civilización.

¿Víctimas del diablo o de la marginación?

En la Alta Edad Media la mujer era madre, esposa o monja, y estaba privada de la posibilidad de expresar sus aspiraciones culturales, religiosas o personales,

El componente sexual era muy fuerte en las acusaciones de brujería: el beso ritual ofrecido por una bruja a Satanás (siglo XVII)

y cuando, a partir del siglo XI, empezó a aparecer en grupos heterodoxos y heréticos, su posición se deterioró en mayor medida que la del hombre disidente.

Por otro lado, no debe olvidarse que:

> La profesión de bruja estaba relacionada a menudo con condiciones profesionales especialmente femeninas —como la obstetricia—, o bien constituía una segunda actividad en circunstancias de dificultad y marginación (la anciana que para salir adelante se veía obligada a hacer de médica, de mendiga, de alcahueta o de prostituta).
>
> (CARDINI, F., *Magia, stregoneria, superstizioni nell'Occidente medievale*, Florencia, 1979, pág. 78)

Para entender la opinión (masculina) de la época sobre el género femenino es muy significativa la que tenía el autor de *De contemptu feminae*, Bernardo de Morlay, un monje de Cluny que vivió en el siglo XI. El autor afirma:

> La mujer innoble, la mujer pérfida, la mujer vil mancha lo puro, piensa cosas impías, corrompe las acciones [...]. La mujer buena es mala cosa, y buena no hay casi ninguna [...]. Esta no hace excepciones, concibe de su padre y de su nieto [...]. Esta leona rugirá, esta bestia reaccionará con fiereza, se opondrá a la ley [...]. Mujer fétida, ardiente en el engaño, encendida de delirio, principal destrucción, lo peor de los partos, ladrona del pudor, ella arranca sus propios retoños de su vientre [...], ella degüella a su primogenitura, la abandona, le da muerte en una secuencia funesta [...]. Ella es el trono de Satanás, el pudor le sobra; húyela, lector [...].

Para la moral cristiana medieval, los amores ilícitos estaban favorecidos por Satanás. Normalmente la culpa de estas transgresiones se atribuían a la mujer

¿BRUJAS O MÍSTICAS?

Objetivamente hay que observar que, en ciertos fenómenos de misticismo que tienen como protagonista principal a numerosas mujeres, algunas de las cuales muy famosas —sin ir más lejos santa Rita de Casia—, resulta difícil trazar la línea de separación entre santidad y brujería. Hubo santas que fueron consideradas brujas, como Juana de Arco, Dorotea de Montau, Brígida de Suecia, Paloma de Rieti. Tampoco faltan elementos en los fenómenos de misticismo que de hecho podrían ser interpretados como manifestaciones típicas de la brujería. Visiones, vuelos, relaciones ambiguas con Jesucristo y con los santos, además de toda una serie de fenómenos «del entorno» que generalmente acompañan a las experiencias místicas, son aparentemente muy similares a los que describieron algunas brujas en el transcurso de los interrogatorios.

Mediado el siglo XV, el diablo y la mujer se convirtieron en parte de un único principio de devastación moral: su unión parecía condicionada por un dibujo perverso, cuya ejecutora material era la bruja, que insinuándose en la vida cotidiana era, por tanto, más difícil de identificar.

Uno de los primeros ejemplos de este modelo interpretativo, que caracterizó la acción represiva de claro talante misógino, se remonta al siglo XV y proviene del *Formicarius* de Giovanni Nider, en quien se concreta la toma de posición contra la bruja/mujer.

La posición antifemenina de Nider se ve aumentada en *Malleus maleficarum* y en *De Lamiis et Phytonicis,* en los que el vínculo entre mujer y diablo estaba ya muy bien definido. La inquietud teológica por el tema de la mujer, ya puesta de relieve por la tradición patrística, encontró en la bruja un medio para expresarse, para confirmar sus propios presupuestos y dar un rostro, un nombre y una forma física al mal y a sus manifestaciones.

No menos importante fue la especie de histeria «sexofóbica» que vivió la Europa cristiana en la Edad Media, en la que coincidían las interpretaciones de un clero profundamente condicionado, quizás asustado por el «oculto» poder femenino.

Unas pocas palabras del *Malleus maleficarum*, una especie de «manual» sobre la brujería para uso de juristas e inquisidores, son más que suficientes para ilustrar la visión que caracterizó a la mayor parte de los que participaron en la lucha contra las brujas:

> En la primera mujer se evidencia que por naturaleza su fe es menor. La respuesta a la serpiente que le preguntaba por qué no comían de todos los árboles del Paraíso ya revelaba la duda y la ausencia de fe en las palabras de Dios. Todo esto está demostrado por la etimología del nombre. En efecto, *fémina* viene de *fe* y *menos*, porque tiene menos fe y la conserva menos [...]. Por lo tanto, una mujer malvada por naturaleza, que está más dispuesta a dudar de la fe, está igualmente dispuesta a renegarla, y es esta la característica fundamental de las brujas.

Pobres campesinas visionarias

A partir de la segunda mitad del siglo XV, a pesar de que el fuerte sentimiento misógino no daba muestras de ir a menos, empezaron a dibujarse unas interpretaciones más racionales que, sin dejar de sostener la fuerte y condicionante presencia del diablo, en ciertos casos dejaban entrever una valoración de la brujería casi «sociológica».

Dicho de otro modo, se empezó a ver a la bruja como una mujer entregada al diablo por motivaciones debidas no exclusivamente a la perversidad inherente a su sexo.

Silvestre Mazzolini (1456-1515), más conocido como Prierias, al tratar el tema de la brujería en *Summa summarum*, aclaraba que las brujas «son gente de campo y de sexo femenino, entregadas al diablo» por «placer y desesperación».

Al cabo de más de un siglo, Tomás Campanella añadía unas conclusiones categóricas:

> A lo que dice Tolomeo de la profecía de Júpiter, Venus y Mercurio causada por la Luna y por Mercurio, influenciados de día por Marte y de noche por Saturno, probé en algunos que era cierto, y vi cosas estupendas, pero no por eso creo que den otra cosa que no sean predisposiciones, porque Júpiter y Venus, si cuentan con Mercurio, nos imprimen espíritus nobles, lúcidos y aptos para recibir influencia divina y visiones angelicales, como dijo Orígenes; y Marte y Saturno, si afectan a Mercurio y a la Luna [...], producen espíritus acres o tétricos hollines, donde las mujerzuelas, que comen malos alimentos o que de sangre menstrual o de excrementos retenidos en el útero conciben invasivos olores, se perturban y preparan para recibir al demonio.
>
> (*Del senso delle cose e della magia,* Frankfurt, 1620)

Mediado el siglo XVIII, Jerómino Tartarotti trataba el tema de las visiones de las brujas con lucidez, pero no lograba zafarse del peso de la visión antifemenina que condicionaba el análisis de los fenómenos ligados con la brujería:

> Las pobres mujeres campesinas no tienen de qué ocuparse, ni saben cómo divertirse, viven casi únicamente de leche, hierbas, castañas, verduras y otros alimentos parecidos, que generan sangre roja, lenta, y originan sueños horribles y espantosos [...]. Durmiendo les parece que vuelan por el aire y ven alzarse temporales con rayos y truenos. Están transportadas por grandes pasiones, como ira, amor, envidia [...]. Tienden a hacer poco uso de la razón y mucho de la fantasía [...]. Son tímidas, maliciosas, inestables, curiosas, doblegables y crédulas y, por consiguiente, pueden ser engañadas fácilmente. No hay que maravillarse de que sean más propensas al mal de opinión que los hombres. Donde haya cien brujas, será difícil contar diez brujos.
>
> (*Del congresso notturno delle Lammie*, Rovereto, 1749)

LOS BRUJOS

Es bien sabido que las mujeres fueron las principales acusadas de brujería. De ahí que en el lenguaje corriente el término que encontramos con más frecuencia es *bruja*. En cambio, *brujo* se ha utilizado impropiamente para designar a aquel que practica la magia en las culturas etnológicas que en el pasado se habían calificado erróneamente como *primitivas*. Hoy en día, en lugar de *brujo* se utiliza *medecine man*, o el más genérico *chamán*. En cualquier caso se trata de un personaje investido de autoridad sagrada, que se considera que está en contacto con el mundo de los espíritus y que es capaz de llevar a cabo distintas prácticas mágicas.

En el hablar popular, *brujo* ha adquirido el significado de «hombre dotado de cualidades especiales en un campo determinado», o bien, «dotado de un gran carisma». También puede utilizarse para designar a un seductor irresistible y, según la acepción más difundida, a aquel que se muestra particularmente pérfido y malvado.

La ambigua posición masculina

De todo lo visto hasta el momento, se deduce claramente que a las mujeres se las acusaba de brujería porque se las consideraba moralmente más débiles que los hombres y, por tanto, eran presas más fáciles para el diablo y sus tentaciones.

Los hombres eran culpables de brujería cuando sus crímenes presentaban también una vertiente política o religiosa. Esta característica se daba muy raramente en las mujeres.

En definitiva, había una diferenciación de orden cultural: la mujer era la bruja «baja» que practicaba el maleficio porque era adepta al diablo, a menudo sin darse cuenta, y estaba guiada por el mal. El hombre, en cambio, participaba conscientemente del pecado, que se convertía en un instrumento ideológico de su lucha.

Observando el fenómeno de la brujería desde el punto de vista sociológico debemos deducir que las mujeres, carentes en todos los sentidos de la fuerza del hombre, tenían muchas dificultades para defender sus intereses.

A causa de esta inferioridad, muchas mujeres habrían intentado:

> [...] usar la brujería como instrumento de protección y de venganza y, aunque no usaran realmente las artes mágicas, eran sospechosas de hacerlo. Al no poseer en aquella época ningún poder legal ni judicial, las mujeres encontraban muchas más dificultades que los hombres para defenderse ante un tribunal de acusación de brujería.
>
> (LEVACK, B. P., *La caccia alle streghe in Europa agli inizi dell'Età Moderna*, Bari, 1988, pág. 150)

El origen de la caza de brujas

Es difícil determinar el momento exacto de la historia en que se inició la caza de brujas. Se tienen referencias históricas que confirman la existencia de procesos abiertos contra las brujas (como el reconocimiento de la brujería en el crimen de herejía, o la célebre bula del papa Inocencio VIII, *Summis desiderantis affectibus*, de 1484). Pero, en realidad, el periodo álgido de la caza debe considerarse el resultado de una evolución en la que tuvieron un papel importante muchos factores religiosos y, sobre todo, sociales.

Los documentos

Las fuentes de que disponemos para llegar hasta los primeros casos de atención jurídica relativos a magia y brujería se remontan a la Alta Edad Media. Recordemos concretamente las prescripciones del Concilio de Alvira (340), orientadas al castigo de todos aquellos que causaran la muerte con la ayuda de la magia, y las del Concilio de Ancira (314), contra los practicantes de magia negra y de maleficios.

INNOCENTIVS·VIII·PAPA·GENVENSIS·

En cambio, en el edicto de Liutprando (727) encontramos una reflexión más profunda sobre la cuestión, en la que la brujería es vista como la expresión de un peligroso comportamiento pagano, que perjudicaba y ofendía profundamente a la religión cristiana.

Rabano Mauro, en *De universo* (784), por ejemplo, creía en la posibilidad de la magia, pero la consideraba un fenómeno concedido por Dios, ya que todo necesita de su consentimiento para

que pueda producirse. Este autor hizo resurgir los «miedos» de Liutprando con respecto a la influencia del paganismo. En el capítulo dedicado a este tema, «De magicis artibus», las antiguas «supersticiones» se consideraban un terreno fértil en el que podían echar sus raíces la disidencia religiosa y la cultura mágica. Pero en este documento no aparece una toma de posición jurídica objetiva, y un aspecto importante: no se menciona ningún tipo de represión. La actitud de aquella época parece estar gobernada por la prudencia.

Según algunos teólogos anteriores al año 1000, algunas mujeres eran capaces de volar para unirse con Satanás

Es más precisa la información que nos llega del *Canon Episcopi*:

> Los obispos y sus ministros deben aplicarse con todas sus energías en sus parroquias, en la completa erradicación de las prácticas perniciosas de la adivinación y de la magia, que fueron inventadas por el diablo; y si encuentran hombres o mujeres que cometen este tipo de crímenes, deben expulsarlos de sus parroquias, porque es gente innoble y malhechora. [...] Tampoco hay que olvidar que algunas mujeres depravadas, que se han entregado a Satanás y se han dejado pervertir por ilusiones y seducciones diabólicas, creen y afirman cabalgar por la noche sobre bestias del séquito de Diana, diosa de los paganos (o de Herodías) y de una multitud de mujeres, y atravesar grandes territorios gracias al silencio de la noche profunda y obedecer a sus órdenes como su señora y ser llamadas ciertas noches a su servicio. ¡Quiera Dios que perezcan ellas solas de tanta perfidia! Y, en cambio, arrastran tras ellas a muchas otras hacia la infidelidad a Dios. Muchísimas, engañadas por esta falsa opinión, creen que todo es verdad, se desvían del recto camino y caen en el error pagano, porque piensan que existen otras divinidades que no son el Dios único.

En el pasado, el *Canon Episcopi* se atribuía al Concilio de Ancira (314), pero probablemente se trata de un Capitular franco de la segunda mitad del siglo IX. Aunque existen referencias de otras fuentes más antiguas, la primera versión, que se conoce con exactitud del *Canon Episcopi*, está en el Canon de Reginone di Prum *(Libri duo de synodalibus causis et disciplinis ecclesiasticis)* del año 906.

Las fuentes provenientes de los textos de los concilios, de los capitulares y de los penitenciales nos aportan indicaciones muy precisas sobre cómo se fue modificando la interpretación del fenómeno mágico y de los rituales paganos que habían sobrevivido hasta el momento. Efectivamente, se fue consolidando una tendencia a incluir en la consideración de magia y culto al diablo también las prácticas religiosas precristianas, que Incmaro de Reims (1151) atribuía a «hombres maléficos o mujeres hechiceras».

En el citado texto de Reginone di Prum y en los *Decreta* de Burcardo de Worms (1025), la magia y ciertas prácticas típicas de las brujas se interpretan, siguiendo la línea del *Canon Episcopi,* como ilusiones y se consideran total-

---

CONTRA LOS RESTOS DEL PAGANISMO

En la Alta Edad Media los textos jurídicos propusieron términos como *striges, strigae, lamiae*: demonios femeninos paganos dedicados a truculentos rituales nocturnos y al rapto de niños para chupar su sangre; estas criaturas fueron, muchas veces, relacionadas con las preparadoras de pócimas tan arraigadas en la cultura popular. Tal fenómeno puso de manifiesto la posición de la cultura dominante frente a estas prácticas propias del mundo agrícola y, sobre todo, frente a aquellas actividades mágico-terapéuticas que tuvieron un importante papel en la cultura popular.

mente carentes de relación con la realidad. Concretamente, Burcardo se posicionaba con claridad contra la creencia del vuelo en el séquito de Diana en el que, según la leyenda, habrían participado mujeres adeptas a la diosa pagana. Después del año 1000, la idea de que el diablo tenía una posición fundamental en las prácticas mágicas ganó terreno y se reafirmó en varios niveles.

Graciano, en su *Decretum* (1138), a pesar de continuar sosteniendo que algunos aspectos de la brujería eran completamente irreales (especialmente el hecho de volar), afirmaba la relación existente entre practicantes y el diablo.

Como veremos en el capítulo siguiente, una contribución fundamental para la caza de

EL DOCUMENTO JURÍDICO MÁS ANTIGUO CONTRA LAS BRUJAS

El documento jurídico más antiguo, redactado contra una presunta bruja, es el *Consilium* que Bartolo da Sassoferrato (1313-1357) envió, probablemente hacia el año 1340, al obispo de Novara Giovanni de Plotis y al inquisidor de la ciudad, perplejos sobre la pena con la que había que castigar a una mujer de Orta detenida y procesada por brujería.

Bartolo da Sassoferrato, jurisconsulto de Ancona, era docente de derecho en la universidad de Pisa, consejero del emperador Carlos IV y fue interpelado para resolver muchas cuestiones jurídicas, tanto en el ámbito civil como en el penal. Según la opinión de su insigne colega Charles Dumoulin (siglo XVI) era «le premier et coryphée des interprètes en droit». Es decir, era un punto de referencia fundamental para resolver conflictos jurídicos de la época, pero sobre todo una voz lúcida y racional que, pese a considerar la herejía como un mal que debía ser erradicado, daba poca importancia a la tradición popular sobre las cuestiones de brujería.

He aquí algunos de los puntos destacados del *Consilium*:

> La mujer bruja, de la cual se trata, o hablando en latín, *lamia*, debe ser condenada a muerte y quemada en la hoguera (...). He oído decir a algunos teólogos sagrados que estas mujeres, a las que se llama *lamias* o *brujas*, pueden causar perjuicios, incluso mortales, con el tacto o con la mirada, hacer enfermar a adultos, niños y animales, porque tienen infecta el alma, que consagran al demonio (...). Pero, si ocurriera que la bruja se arrepintiera y volviera a abrazar la fe católica, dispuesta a abjurar de su error públicamente en presencia del obispo de Novara, Giovanni de Plotis, quizá se le deberían perdonar las penas temporales y la muerte terrena (digo esto en el caso de que sin intervalo después del descubrimiento del error hubiera vuelto a la fe y se hubieran manifestado en ella los signos del arrepentimiento); en este caso no hay duda de que se la debe perdonar.

brujas fue la bula *Super Illius specula* (1326), por medio de la cual Juan XXII estipuló que las penas previstas para los herejes fueran aplicadas también a los que practicaban distintas formas de magia, entonces consideradas brujería, por tratarse de un culto al diablo.

Aspectos sociológicos de la brujería

Hoy en día los antropólogos y los sociólogos que estudian la brujería creen que para analizar este fenómeno hace falta tener en cuenta los conflictos sociales de cada cultura.

La supersticiosa mentalidad de la Europa medieval no era capaz de encontrar una explicación «racional» al hecho de que un número determinado de niños muriera por causas naturales (circunstancia que, habida cuenta de las condiciones higiénicas y sanitarias y la consiguiente tasa de mortalidad infantil, no era rara), que algunos animales fueran víctimas del afta, que el pequeño cultivo familiar, modesto pero fundamental para la economía campesina, sufriera «sólo» las inclemencias de las estaciones más extremas. La antropología nos ofrece una demostración clara de esta tendencia a demonizar:

> Cuando una cultura tradicional se ve trastornada por el contacto con nuevas enfermedades, por una creciente competitividad por el dominio de la tierra y la contratación de personas para el trabajo asalariado, cabe esperar un periodo de conflictos y frustraciones. También estará caracterizado por una actividad frenética por parte de los que son capaces de identificar y de poner de manifiesto los malvados efectos de la brujas, como en el caso de la fragmentación de la sociedad feudal en Europa y de la gran obsesión por la brujería entre los siglos XV y XVII.
>
> (HARRIS, M., *Antropologia culturale*, Bolonia, 1990, pág. 177)

A principios del segundo milenio empezó a extenderse la creencia de que había personas que se relacionaban con el diablo y actuaban contra los cristianos

La «mala fortuna» debía tener un rostro y un nombre. Tenía que ser el resultado de un perverso plan diabólico, lo cual demuestra que la sociedad medieval, si en algunos aspectos favorecía la lucha contra la magia y la brujería, en otros parecía recurrir continuamente a ella. En conjunto todo estaba magnificado por las declaraciones de las presuntas brujas, que durante los interrogatorios estaban dispuestas a admitir cualquier crimen con tal de terminar con el sufrimiento de la tortura.

Según los inquisidores, en la brujería desempeñaba un papel importante el carácter hereditario del fenómeno. Tanto es así, que se creía que el poder de la bruja era mayor cuando lo había obtenido por transmisión familiar. Esta es la opinión de los autores del *Malleus maleficarum*:

> La experiencia demuestra siempre que las hijas de las brujas tienen fama con argumentos parecidos de imitar los delitos maternos y que casi toda la descendencia está infectada. La razón de ello y de todas las cosas precedentes viene dada por el hecho de que siempre procuran dejar un heredero e intentan hacerlo crecer, una vez sellado el pacto con el diablo, con enormes esfuerzos de perfidia. Puede ocurrir, por tanto, como ya se ha demostrado, que muchachas impúberes, de ocho o diez años, provoquen tormentas y granizadas, y esto no sería posible si las niñas no hubieran sido consagradas al diablo por su madre bruja con el ofrecimiento sacrílego de tal pacto.
>
> (Libro II, Cap. XV)

No olvidemos que la gran «epidemia» de brujería y las persecuciones masivas que se desencadenaron fueron un fenómeno que tuvo lugar en un periodo de crisis intensa, entre los siglos XIV y XVII. A partir del siglo XV, el miedo a las mujeres de Satanás experimentó un ascenso imparable, como demuestra la represión legislativa. A partir de la segunda mitad del siglo XVI, católicos y protestantes coincidieron en un punto: la persecución total de la brujería. Fue un acuerdo que causó miles de víctimas, aunque es difícil realizar un cálculo ni siquiera aproximado.

> Si estudiamos en su contexto el aumento de la persecución contra la brujería en 1560-1570, podemos darnos cuenta de que la responsabilidad no es exclusivamente de los protestantes o de los católicos, sino de ambos. O mejor dicho, de la lucha entre ellos [...]. El enfrentamiento directo entre católicos y protestantes, que representaban dos formas de sociedades incompatibles, devolvió a los hombres al antiguo dualismo entre Dios y Satanás, y las escasas reservas de odio, que parecían prácticamente secas, se realimentaron nuevamente.
>
> (TREVOR-ROPER, H. R., *Protestantesimo e trasformazione sociale*, Basi, 1975, pág. 184)

Esta es la opinión de Lutero sobre las brujas:

> Son las prostitutas del diablo, que roban la leche, provocan las tormentas, cabalgan en cabras o escobas, convierten a la gente en cojos o lisiados, atormentan a los niños en las cunas, alteran los objetos de diferentes formas, de modo que un ser humano parece un buey o una vaca, y empujan a la gente al amor y a la inmoralidad.

¿Brujas o herejes?

Un cúmulo de acusaciones

Como hemos visto en el capítulo anterior, uno de los documentos jurídicos más antiguos e importantes sobre la brujería son los *Libri duo de synodalibus causis et disciplinis ecclesiasticis* de Reginone di Prum. En esta obra se daban indicaciones directas a los obispos sobre los métodos que debían adoptar contra las mujeres identificadas como brujas. El documento, posteriormente llamado *Canon Episcopi*, destaca, entre muchos otros aspectos de la brujería, la que será la acusación principal, la *infidelitas*; en efecto, estas personas habrían perdido la fe en Dios sustituyéndola por la fe en el diablo, del que se habrían convertido en esclavas. El *Canon Episcopi* fue la base de todos los tratados posteriores, que pusieron de relieve, entre los distintos aspectos de la brujería, la actitud herética de quienes se entregaban al demonio.

Hasta el siglo XIII la represión contra la magia y la brujería complementaron la lucha contra la herejía, aunque ya en el siglo XII la Iglesia había creado los presupuestos para juzgar con el mismo patrón los delitos de brujería y los de herejía. Sin embargo, la coincidencia de herejía y brujería no fue inmediata. Y a pesar de registrarse analogías y coincidencias entre ambas, su identificación, o mejor dicho, la dilución de la brujería en la herejía, tardó en ser denunciada. La aplicación de la pena de muerte para los herejes fue introducida oficialmente por Federico II en el siglo XIII. El emperador, acogiéndose al código teodosiano y justiniano, había equiparado la herejía al crimen de lesa majestad, por tratarse de una ofensa a la majestad divina; en 1231 el papa acogió esta determinación en la constitución *Excommunicamus*.

EL FUEGO PURIFICADOR

La tradición jurídica del imperio romano condenaba a la hoguera por el crimen de *lesae maiestatis* (lesa majetad). Más tarde, los emperadores cristianos abolieron su uso. Fue Federico II, tal como ya se ha dicho, quien reintrodujo la hoguera para castigar este crimen.

Así pues, brujas y brujos podían ser quemados en la hoguera sólo en la medida en que sus delitos eran equiparables al delito de herejía (Cardini, F., *Magia, stregoneria, superstizioni nell' Occidente medievale*, Florencia, 1979, pág. 69).

La elección del hereje

El término *herejía* deriva del griego *haeresis*, que significa «elección» y también «inclinación en dirección a».

Más tarde adquirió un valor negativo referido a pensamientos, expresiones y acciones contra el dogmatismo de la religión practicada colectivamente y considerada oficial.

Encontramos una primera mención en los *Hechos de los Apóstoles*, en el capítulo en el que San Pablo es acusado por los sacerdotes hebreos de ser el guía de los nazarenos y de instigar a los judíos a la revolución: «Según la escuela que ellos llaman *herejía*, yo sirvo al Padre y Dios mío, creyendo todo lo que está escrito en la ley y en las profecías» (24, 14).

A partir del siglo XIII la Iglesia empezó a observar con preocupación creciente las prácticas de brujería, expresión de la relación con el diablo. Hasta entonces se consideraba que estaban dentro de la normalidad, y se las denominaba *Poenitentialia*, con la consideración de *superstitiones* y *vanae observationes*.

Hoguera de herejes (siglo XVI)

Un cambio de actitud

Después de siglos utilizando contra los herejes solamente el arma espiritual de la excomunión, en el siglo XIII la Iglesia empieza a estimar correcto el castigo secular infligido a quien ofendía la divinidad, una acción mucho más grave que la cometida contra el soberano y castigada por la *Lex romana* con la muerte.

El segundo Concilio lateranense (1139) había ordenado a todos los gobiernos cristianos reducir a los herejes a la obediencia. El tercer Concilio lateranense (1179) declaró que para la represión la Iglesia recurriría al poder civil, puesto que consideraba que el temor a los suplicios sería un remedio útil para las almas.

Inocencio III confió a unos legados especiales la tarea de llevar la autoridad papal a todas las diócesis. Nacía así la Inquisición Legatina, independiente de los obispos, pero que acabó siendo poco adecuada para cumplir con los objetivos.

El avance de los herejes, especialmente de los cátaros, llevó al papa a escribir una página tan sangrienta de la historia de la Iglesia como fue la cruzada contra los albigenses. Con una serie de concilios entre 1227 y 1235, la Iglesia decretó la necesidad de una persecución sistemática de los herejes, que Gregorio IX confió a los dominicos que ya habían predicado en el sur de Francia. De este modo vio la luz un tribunal especial llamado *Inquisitio haereticae pravitatis*, encargado de la persecución de los herejes, más conocido como Inquisición.

La bula papal de Inocencio IV, *Ad extirpanda*, de 1252, marcó el inicio de la persecución sistemática de herejes y dotó de amplios poderes a la Inquisición.

Alejandro IV, en 1258, y posteriormente en 1260, promulgó una bula en la que se condenaba de forma expresa a quien practicara la magia o el maleficio.

Con la bula *Super illius specula* (1326), el pontífice de Aviñón Juan XII endurecía la posición adoptada por Gregorio IX un siglo antes. Con su *Vox in Rama* (13 de junio de 1233) ya había iniciado una serie de admoniciones en materia de brujería, destinadas a sentar las bases de muchas acciones posteriores. De hecho, el papa lanzó la excomunión contra las prácticas mágicas.

En 1330, el jurista Zanchino Ugolini sostenía en su *Super materiam haereticorum* que podía ser considerada hereje cualquier persona que mostrara desprecio por la Iglesia y también quien practicara la magia. En consecuencia, hubo numerosos rituales considerados «mágicos» que podían ser reconocidos como expresiones de la herejía.

Esto siempre pesó enormemente en las acusaciones y en los juicios contra las brujas, sobre todo cuando las prácticas consideradas heréticas en realidad tenían su origen en las experiencias rituales precristianas arraigadas en la cultura campesina, que los jueces apenas conocían:

> El siglo XIV vio perdurar las viejas y oficialmente derrotadas herejías, a las que se sumaron nuevos movimientos heterodoxos, así como antiguas creencias y no menos antiguos rituales de carácter brujesco, que eran más inquietantes a causa de una nueva carga polémica —verdadera o calumniosa— en relación con la Iglesia y la cristiandad oficiales [...].

Sin embargo, se asistió a una creciente aparición de rituales en los que el elemento herético parece estar ausente o presentarse a un nivel muy desestructurado; el contexto de estos rituales, normalmente apartado, paisano o rural [...].

Esto sentaría las bases para una interpretación de la brujería como un conjunto de rituales y de prácticas de carácter atávico, que en realidad nunca habrían sido interrumpidos, aunque estuvieran escasamente documentados —especialmente entre los siglos XI y XII, cuando la atención de la cristiandad culta miraba hacia otra parte—, y que fueron redescubiertos en el transcurso del siglo XIII por una Iglesia ahora ya decidida a impregnar totalitariamente con su doctrina y su disciplina todas las expresiones culturales, incluidas las subalternas.

(CARDINI, F., *La strega nel medievo*, Florencia, 1977)

La bula de Juan XXII estipulaba penas muy precisas contra:

[...] quienes realizan u ordenan construir imágenes: a esos piden anillos, espejos, frascos u otros objetos utilizados para la evocación; a esos piden ayuda para acceder a deseos malvados, y de esos reciben su consejo.

En la toma de posición de Juan XXII influyeron también las muchas quejas procedentes de distintas regiones de la cristiandad, relativas a personas de las que se decía que habían sellado un pacto de muerte con las fuerzas del infierno, ofreciendo sacrificios a los demonios, fabricando amuletos y otros objetos mágicos y obteniendo respuestas de Satanás.

El 22 de agosto de 1320, durante el pontificado de Juan XXII, los inquisidores de Carcasona y Tolosa recibieron el encargo de intervenir contra aquellas personas que utilizaran «imágenes de cera» o de otras «magias ilícitas».

Lutero es inducido por el diablo a escribir sus Tesis *contra el catolicismo*

LAS HEREJÍAS MÁS PERSEGUIDAS

De todas las corrientes religiosas heterodoxas que estuvieron en el punto de mira del Tribunal de la Inquisición hubo algunas que estaban claramente organizadas y estructuradas desde el punto de vista teológico y operativo. Sin embargo, la represión también alcanzó a grupos menos consistentes, entre los que figuran los últimos exponentes de las religiones precristianas.
Los grupos que más sufrieron la represión de la Inquisición fueron:
Maniqueísmo: religión que se basaba en el dualismo entre el bien y el mal y que negaba las jerarquías eclesiásticas. Su fundador, Mani (siglo III d. de C.), entendía la existencia humana como una lucha constante entre la luz (Dios) y las tinieblas (Satanás).
Priscilianismo: movimiento fundado en el siglo IV por Prisciliano y que se refería a los principios de un cristianismo basado sobre todo en el ascetismo. El fundador fue ajusticiado en el año 385 por el emperador Máximo en Tréviri.
Pataria: los exponentes de este grupo a partir del siglo IX empezaron a denunciar la corrupción de determinados miembros de la Iglesia. Su posicionamiento estaba acompañado a menudo por acciones violentas contra los que consideraban enemigos.
Catarismo: engloba varios grupos que se difundieron desde Europa del este a partir del siglo XI. Los cátaros fueron muy perseguidos porque su herejía no sólo consistía en una revolución religiosa, sino que también tenía visos de revolución popular. En 1209 la Iglesia organizó una auténtica cruzada contra los componentes de esta corriente herética.
Valdismo: esta corriente nació en el siglo XII, siguiendo la predicación de un rico mercader de Lyon, Valdo, sumido en una profunda crisis espiritual. El origen de la voluntad de reforma de Valdo es el retorno a una Iglesia próxima a los valores originales; posteriormente sus seguidores se organizaron en una estructura tan sólida que dio lugar a una Iglesia que se oponía a la romana.

Es una indicación muy precisa de la actitud de la Iglesia frente a la brujería. Ya no se trataba de un fenómeno ilusorio, fruto de las fantasías populares, sino de una experiencia recurrente, orquestada con la ayuda de los poderes satánicos.

En 1320, el célebre inquisidor Bernardo Gui, sobre cuya persona se difundieron leyendas terroríficas, en su *Practica inquisitionis haereticae pravitatis*, consideraba ampliamente el modo de interrogar a los herejes acusados de ser *invocatores daemonum*. Gui hacía especial hincapié en la gravedad del *homagium* reservado al diablo y en el uso de sustancias sagradas para la preparación de filtros y pomadas mágicas. Además, especificaba que sólo se consideraban herejías las prácticas brujescas con clara intención sacrílega o idólatra, y en consecuencia debían ser objeto de persecución según los procedimientos habituales.

Acusaciones comunes para brujas y herejes

Las acusaciones contra las brujas acabaron teniendo muchos elementos en común con las que se formulaban contra los delitos atribuidos a los herejes.

Las acusaciones más frecuentes eran: matar niños para obtener la grasa necesaria para la preparación de ungüentos mágicos; causar fenómenos atmosféricos que dañaban los cultivos; celebraciones de ritos dedicados al culto de los demonios.

El 14 de agosto de 1374, Gregorio IX envió al dominico Jaime de Moreria, inquisidor francés, una carta, *Super illius specula*, en la que se ordenaba proceder «sine strepitu et figura iudicii» contra todos aquellos, laicos y cristianos, que fueran considerados artífices de pactos con el demonio y de otras acciones nefastas votadas al culto de Satanás.

Paralelamente a la *Super illius specula* de Gregorio XI, el canonista Oldrado da Ponte di Lodi, inspirándose en San Agustín, Santo Tomás y en el derecho romano, había intentado demostrar que acciones como la elaboración de filtros amorosos y de esfinges de cera no podían considerarse claramente heréticas, sino eran *superstitio*. Según el parecer del canonista podía considerarse herética la adivinación, ya que al atribuir al demonio un dominio sobre el futuro se reconocía en la criatura infernal una potestad única del Creador. En el año 1376, Nicolau Eymerich, inquisidor general de Aragón, en el *Directorium inquisitorum*, modificando cuanto había propuesto unos años antes en el tratado *Contra invocatores daemonum*, definió como heréticos a quienes, a través de relaciones concretas con el diablo, hubieran entrado en posesión de conocimientos mágicos; también se consideraba herejía honrar al diablo y participar en aquelarres; en ello «hay culto de latría; si se les toma a los demonios por inter-

Una de las acusaciones principales contra los herejes era haber realizado actos blasfemos, como pisar la cruz (siglo XVII)

FORMULARIO ANTIHEREJÍA

La *Summa de officio Inquisitionis* (1270), un texto para uso de los jueces que debían dictaminar el grado de culpabilidad de los herejes y de las brujas, contiene el formulario de interrogatorio, con el cual podemos formarnos una idea de los crímenes imputados a los acusados de ser adeptos a Satanás:

> Interrogue el inquisidor al sospechoso para saber si ha llevado a cabo actos de culto en honor del demonio o si los ha mandado realizar; si ha hecho el experimento del espejo, o de la espada, o de la uña, o de la esfera, o de la manivela de marfil (distintas maneras de atraer auspicios), o de la evocación de los demonios iniciados, pájaros u otras criaturas; si ha realizado prácticas mágicas que provocan el amor de las mujeres o de los hombres, la ira, el odio o la discordia de personas, o destinadas a encontrar tesoros ocultos o cosas robadas, o a procurar honores y riquezas; si ha hecho la práctica del círculo mágico o del niño, o ha llevado a cabo algún sacrificio para tener respuesta del demonio; si ha preparado trabajos con la cabeza de hombres muertos o vivos, o con sus vestidos, o con sus cabellos; si ha escrito fórmulas en la hostia sagrada o en otros lugares con sangre humana; si ha hecho presagios con las vísceras o los huesos de animales; si durante el fin de año ha realizado prácticas relacionadas con augurios para el buen destino o si ha dado o ha recibido aguinaldos; si ha preparado filtros o ha realizado prácticas con la hostia sagrada, con el crisma sagrado, con el agua del bautismo o con cualquier otro objeto sagrado.

cesores ante Dios, hay culto de latría. También constituye práctica herética la invocación de fuerzas del infierno con la ayuda de figuras mágicas, como poner un niño en un círculo o leer fórmulas en un libro». Eymerich añadía:

> Cuando no se tenga la certeza absoluta de que se realizan estas prácticas (ya sea porque el mago no confiesa o porque se carezca de pruebas) sino que sólo haya indicios, se tienen que valorar muy atentamente. Si permiten justificar una fuerte sospecha de herejía, hace falta obtener el tipo de abjuración previsto para sospecha grave; si los indicios son leves, se requerirá una abjuración por sospecha leve. Si los indicios no fueran claros y no hubiese otro testimonio que la voz pública, habrá que contentarse con infligir al sospechoso una penitencia canónica.

El inquisidor se remitió a la *Practica inquisitionis hereticae pravitatis* de Bernardo Gui, donde se trataban con más profundidad las dimensiones efectivas de las creencias relativas a brujas y se puntualizaba la necesidad de perseguir la *heretica pravitas*.

Las tomas de posición más encendidas ante la brujería llegarían con la bula *Summis desiderantes affectibus*, emitida por el papa Inocencio VIII en 1484, la cual representó un acto de legislación papal que tendría efectos importantes en las prácticas brujescas de aquel periodo:

Deseando con toda nuestra voluntad, tal como exige el cuidado de la pastoral solicitud, que aumente la fe católica en nuestros tiempos y en todas partes, y tenga prosperidad, y que toda pravedad herética sea expulsada de las tierras de los fieles, tenemos la satisfacción de declarar y de conceder de nuevo todo cuanto puede aportar eficacia a este su pío voto y deseo [...]. Últimamente ha llegado a nuestros oídos [...] que numerosas personas de ambos sexos, ingratos de su salud y desviándose de la fe católica, tienen relaciones delictivas con los demonios íncubos o súcubos, y con sus hechizos, vaticinios, conjuros y otros nefastos sortilegios, supersticiones, excesos y delitos, procuran que los partos de las mujeres, los fetos de los animales, los frutos de la tierra, los productos de las vides y de los árboles, los hombres, las mujeres, los animales domésticos, los rebaños, el ganado y las otras clases de animales, y además los viñedos, los jardines, los prados, los pastos, los cereales, el trigo y las otras cosechas de los campos perezcan, se ahoguen y se deterioren; además, consiguen impedir que los hombres engendren, que las mujeres conciban y que los maridos y sus mujeres culminen sus actos conyugales; que no se abstienen de abjurar con sacrílega boca la misma fe que recibieron en la administración del santo bautismo y de cometer y perpetrar, por instigación del enemigo del género humano, muchas maldades más, excesos y delitos, dando pernicioso ejemplo y escándalo de muchos [...]; procédase a infligir sentencias, censuras y penas inapelables de excomunión, suspensión e interdicción, contra aquellos que oponen molestias, impedimentos, contradicciones y rebeliones, de cualquier dignidad, estado, grado, importancia, nobleza y excelencia que sean, y a pesar de cualquier privilegio de exención del que sean beneficiarios. Y, finalmente, les concedemos que en los procesos intentados contra estos de conformidad con la ley tengan facultad de agravar y aumentar las penas de las sentencias, pidiendo, si fuera necesario, la ayuda del brazo secular.

Un «martillo» contra las brujas

Inocencio VIII encargó a dos dominicos alemanes, Heinrich Institor (Kramer) y Jacob Sprenger, la redacción de una obra que, a partir de sus experiencias como inquisidores en Alemania, recogiera todos los conocimientos sobre brujería, en la línea de las prerrogativas contenidas en la bula *Summis desiderantes affectibus*.

La obra se tituló *Malleus maleficarum (El martillo de las brujas)*, y era una especie de manual que, además de intentar describir el fenómeno, analizaba con todo detalle las prácticas mágicas llevadas a cabo por las brujas y valoraba los medios jurídicos que se debían adoptar, de conformidad con los dogmas de la Iglesia, para luchar contra la brujería.

El libro tuvo un gran éxito y se convirtió en la piedra angular de la lucha contra el mal.

Asimismo fue un instrumento de represión muy eficaz en aquel clima de miedo y de renovada adhesión a la lucha contra un demonio al que las guerras de religión habían dado un nuevo vigor.

Quema de una bruja (siglo XVII)

EL BRAZO SECULAR

En derecho canónico, el uso más típico de la expresión *brazo secular* se refiere al reconocimiento y el auxilio prestado por la autoridad del Estado en el ejercicio de la *iurisdictio Ecclesiae*. En términos prácticos era el poder ejercido por el juez para hacer ejecutivas las sentencias y las ordenanzas de los tribunales eclesiásticos, o las penas que la Iglesia no puede imponer y aplicar.

La primera edición del *Malleus maleficarum* data del invierno de 1486-1487, y fue impreso en Estrasburgo. Hasta 1669 se realizaron treinta y cuatro ediciones llegando a más de treinta y cinco mil copias.

La obra del Tribunal de la Inquisición

Cuando se habla de la Inquisición, el hombre moderno suele atribuir a la imagen del célebre tribunal eclesiástico una dimensión en buena medida desconectada con la realidad. Varios son los elementos que contribuyen a alimentar las fantasías, pero quizás el más importante fue la tradición romántica, que atribuyó una visión particularmente oscura de la Inquisición, a la que deben añadirse las creaciones literarias y cinematográficas.

Un tribunal sin garantías

No cabe duda que esta institución, de la que había varias tipologías, cada una con su especialización propia, no se anduvo con miramientos con los acusados de brujería o de herejía. No obstante, hay que tener en cuenta que en la época de la caza de brujas, los laicos también actuaban con mano dura cuando se trataba de perseguir y castigar a presuntos seguidores de Satanás.

El proceso inquisidor, que también podía ponerse en funcionamiento sin un acusador directo, actuaba en aquellos ámbitos en los que la religión y el derecho estaban tan ligados que era muy difícil efectuar una valoración serena de los hechos.

No hay que olvidar que durante muchos siglos la posición de la Iglesia con respecto a quienes afirmaban dedicarse a prácticas mágicas fue bastante tolerante. Se les dejaba con vida, pero con la condición de cumplir la penitencia.

A finales del siglo XIII, Tomás de Aquino, padre de la Escolástica, afirmaba:

> Los herejes no sólo merecen la excomunión, sino también la exclusión del mundo mediante la muerte [...] por parte de la Iglesia que, sin embargo, ha de ser misericordiosa con quien se ha equivocado y pretende convertirse. Por esta razón no debe haber condena ni la primera ni la segunda vez, pero si este perseverara [...], debería ser dejado al brazo secular y condenado a muerte.

La época de la tolerancia sufrió un fuerte contratiempo debido a las nuevas condiciones sociales que dieron lugar a varios instrumentos legislativos.

Recordemos que, mientras a partir del siglo IV los emperadores cristianos empezaron a amenazar con graves castigos a magos y adivinos, la Iglesia

invitaba a la prudencia en la valoración de los sospechosos y a la clemencia para los confesos.

La tolerancia disminuyó a partir de finales del siglo XII, con la difusión cada vez más importante de movimientos heréticos que amenazaban seriamente la autoridad del clero.

> **LAS FECHAS PRINCIPALES DE LA LEGISLACIÓN CONTRA LA BRUJERÍA**
>
> 319   Constantino prohíbe cualquier forma de magia.
> 438   La prohibición de Constantino es ratificada en los Códigos de Teodosio II.
> 545   Justiniano confirma nuevamente los Códigos teodosianos.
> 789   Carlo Magno prohíbe con un Capitular todo culto pagano porque se considera «culto al diablo».
> 959   El rey Eduardo de Inglaterra prohíbe los cultos paganos relacionándolos con la magia satánica.
> 1233 La bula *Vox in Rama* de Gregorio IX propone un retrato del culto pagano en el que se describen las primeras imágenes referidas al aquelarre.
> 1252 La bula *Ad extirpanda* de Inocencio IV propone una primera normativa para los procesos inquisitoriales.
> 1326 La bula *Super illius specula* de Juan XXII amplía el poder de los inquisidores a los casos de magia y brujería.
> 1474 El breve *Nuntiatum est nobis* de Sixto IV acusa a quien niega que la magia es una forma de herejía.
> 1484 La bula *Summis desiderantis affectibus* de Inocencio VIII certifica la existencia de la brujería y, en la práctica, oficializa su persecución.
> 1585 La bula *Caeli et terrae* de Sixto V se manifiesta en contra de todo aquel que practique la astrología.
> 1623 El breve *Omnipotentis Dei salvatoris nostri* de Gregorio XV indica el procedimiento a seguir en los casos de brujería.

Un nuevo procedimiento jurídico y una nueva jerarquía

El Tribunal de la Inquisición debe su origen a la palabra latina *inquisitio* («búsqueda», «investigación», «examen»), un procedimiento no contemplado por el derecho romano que se basaba en la formulación de una acusación por parte de la autoridad judicial, aunque faltaran las denuncias o las acusaciones de los testigos.

Para entender con claridad las vicisitudes de este tribunal tan particular debemos recorrer, aunque sea de forma sumaria, las etapas que llevaron a la

AL PRINCIPIO FUERON LAS ORDALÍAS

Antes del siglo XIII los tribunales se valían de un sistema de juicio bastante primitivo: la ordalía o juicio divino. En la práctica, el acusado tenía que superar unas pruebas para demostrar su inocencia. Por ejemplo: tenía que sujetar un hierro candente o introducir un brazo en agua hirviendo. Si no se quemaba, quedaba demostrada su inocencia, y en caso contrario la pena quedaba confirmada. En algunas ocasiones, el acusado podía solicitar medirse en duelo con un representante de los acusadores: si el acusado lograba demostrar que era inocente, al acusador se le podía aplicar la *lex talionis*.

Con el siglo XIII y el resurgimiento del derecho romano, los tribunales empezaron a abandonar los procedimientos arcaicos basados en las ordalías, y recurrieron cada vez más al juicio humano. Las «pruebas» que servían para establecer la culpabilidad de las brujas eran simples y a la vez complejas. Una de las más absurdas era la de la flotabilidad, que funcionaba del siguiente modo: la mujer acusada de brujería era atada a una cuerda y lanzada al agua; si se hundía, era inocente, mientras que si flotaba, era culpable...

A partir del siglo XVI la localidad holandesa de Oudewater se dio a conocer por una característica singular: la balanza para brujas. A lo largo de los tristes años de la lucha contra los adeptos a Satanás, la persona acusada de brujería en aquella ciudad era sometida a una ordalía muy singular: se pesaba para demostrar que su peso no podía ser soportado por una escoba y, por lo tanto, que no podía volar. El encargado de efectuar la prueba era el «Maestro de los pesos», que tenía una gran responsabilidad porque su juicio podía condicionar mucho a quien era objeto de la prueba. Parece ser que entre la mitad del siglo XVI y los primeros años del XVIII se pesaron 400 presuntas brujas en aquella balanza, que todavía hoy sigue en funcionamiento, aunque sólo para regocijo de los turistas.

Las ordalías del agua (siglo XVI)

Las brujas en el mundo

Iglesia, mediante una serie de decretos cada vez más precisos, a definir el procedimiento para conducir el proceso penal.

Este procedimiento servía originariamente para proporcionar a las jerarquías eclesiásticas un instrumento jurídico que contuviera el avance de la herejía, de tempranos tonos satánicos, hasta transformarse en el terreno más adecuado para la proliferación de la brujería.

A lo largo de casi todo el siglo XII, el juez no podía proceder si no había un acusador dispuesto a asumir la responsabilidad de sus afirmaciones y, por tanto, a hacerse cargo de las consecuencias en caso de testimonio falso o insuficiente.

La nueva legislación daba lugar a la figura del inquisidor, teóricamente *super partes*, que era el encargado de averiguar la verdad confiando en las voces de los testigos y de las pruebas objetivas, lo que significó el fin de pruebas como las ordalías, consideradas la expresión del «juicio divino» sobre un acusado.

Pero, además de los testigos, también hacía falta la confesión, que podía obtenerse recurriendo a la tortura, aunque aplicada con moderación.

Al principio, en el Tribunal de la Inquisición predominaban los juristas frente a los teólogos. Sin embargo, a partir de la mitad del siglo XVI se empezó a invertir la tendencia, quizá también por el cambio de disposición mental de los jueces en relación con los acusados.

Los inquisidores debían utilizar la tortura con cautela (siglo XVI)

LA ADMISIÓN DE LA TORTURA

El papado había condenado la tortura ya en el siglo IX, pero Inocencio IV, con su bula *Ad extirpanda* (1252), autorizaba a los inquisidores a usarla para obtener las confesiones, aunque «sin llegar a la mutilación ni al peligro de muerte».
A partir de la segunda mitad del siglo XIII, se adoptaron una serie de disposiciones para fortalecer la lucha contra los enemigos de la religión católica:

> (...) la última en importancia consistirá en autorizar el uso de la tortura en materia de fe. A ello se añaden unas disposiciones particulares: el secreto de los nombres de los testigos (para evitar represalias); el hecho de que el proceso se desarrolle sin formalidades inútiles, yendo al núcleo de la cuestión, reduciendo los procesos a su expresión más simple. Estas disposiciones se podían aplicar solamente con el apoyo del poder secular.
>
> (DELEMEAU, J., *La paura in Occidente - secoli* XIV-XVIII.
> *La città assediata*, Turín, 1975, pág. 17)

Según los inquisidores, el silencio que ostentaban algunos condenados durante los interrogatorios y sobre todo bajo tortura, no era signo de valentía ni de inocencia, sino que llegaba de los influjos de Satanás. El silencio era la demostración de que el diablo daba al interrogado la capacidad de ser insensible al dolor; de este modo la persona enjuiciada no reconocía su culpabilidad y no delataba a sus cómplices.
Los autores del *Malleus maleficarum* añadían que una demostración infalible de la fuerza del poder que el diablo ejercía en las brujas era la incapacidad de llorar que caracterizaba a las acusadas. «Lacrimas emittere non potest», afirmaban los cazadores de brujas, hipotecando fuertemente su propio juicio.

Pese a todo, durante mucho tiempo se continuaron investigando los efectos pasando por encima de las causas efectivas, con lo cual se cometían graves errores de procedimiento, aunque primero se cometían al interpretar el fenómeno «brujería».

Jerárquicamente, en el vértice del Tribunal estaba el inquisidor general, que gozaba de mucha autoridad, a menudo también en el terreno político. Por ejemplo, el temido Torquemada fue consejero del rey de España.

El inquisidor era nombrado directamente por el papa, a quien debía responder por todas sus acciones; por consiguiente, el pontífice era la única autoridad que podía desposeerlo de su cargo.

El inquisidor general tenía la facultad de establecer el reglamento interno del Tribunal, poder para nombrar y destituir a los inquisidores locales y era el único capaz de aceptar las apelaciones y de conceder las gracias.

Al lado del inquisidor general estaba el Consejo de la Suprema Inquisición, que mantenía una estrecha relación con los tribunales de distrito; se convirtió

poco a poco en el principal referente de los inquisidores, hasta despojar gradualmente al inquisidor de su autoridad.

En estos tribunales también actuaban unos voluntarios que colaboraban gratuitamente con el inquisidor local y trabajaban con mucha dedicación, mostrando una voluntad decidida para contribuir en la lucha contra la herejía y el mal.

Teología y justicia

Los tribunales episcopales tenían, sin lugar a dudas, un cierto conocimiento del problema teológico que era el eje central de la lucha contra la herejía y la brujería, pero no siempre actuaban con la sensibilidad interpretativa típica de los tribunales civiles. Los tribunales laicos, por su parte, aplicaban las leyes sin observar las normas morales y la cautela jurídica que, como mínimo en sus intenciones, fue la prerrogativa principal del Tribunal de la Inquisición. Dicho tribunal estaba equilibrado teóricamente en cuanto a formación teológica y jurídica. Sin embargo, lo más importante es que era independiente del poder laico. El papado reconoció a los jueces eclesiásticos autonomía en amplias regiones; los inquisidores no estaban obligados a respetar las fronteras diocesanas o locales y debían rendir cuentas solamente al papa.

El inquisidor y el confesor acompañaban a la bruja al patíbulo, y hasta el último momento intentaban recuperarla para la comunidad cristiana (siglo XVII)

De hecho, el inquisidor medieval era un juez extraordinario que actuaba al lado del juez permanente. Tenía competencia exclusivamente en el *haeretica pravitas* con jurisdicción universal en lo que se refería a las personas, pero con límites territoriales. En el año 1235, el papa Gregorio IX confió la misión a los dominicos. Posteriormente, en 1246, Inocencio IV amplió el privilegio a los franciscanos.

El Tribunal de la Inquisición nació en un periodo en que Europa, conmocionada por las inquietudes de las herejías surgidas en el siglo XII, por la decadencia del clero y por los miedos nunca superados hacia el diablo, buscaba una respuesta a sus incertidumbres morales y espirituales. En 1231 fue nombrado el primer delegado para Alemania y, al año siguiente, el primero para Francia.

La actividad de los inquisidores

En la mayor parte de los casos, los inquisidores investigaban en los lugares donde se pedía su intervención, porque determinadas situaciones de malestar social hacían pensar en una posible causa sobrenatural. Normalmente, la máquina acusadora se ponía en marcha gracias a las informaciones que aportaban los párrocos. No cabe duda que ciertas prácticas mágicas y ciertas formas de superstición popular se mezclaban con experiencias que eran desviaciones de la ortodoxia religiosa, con lo cual se creaba un fenómeno difícil de interpretar.

Los crímenes de los que se ocupan los inquisidores se pueden dividir en dos grupos claramente diferenciados: los del «pensar» y los del «sentir». Pertenecían al primer grupo los comportamientos heréticos expresados con palabras, escritos y rituales; el segundo grupo abarcaba los pecados relacionados con el sexo.

Cuando el inquisidor llegaba al lugar donde tenía que instituir un proceso por brujería, mostraba al señor local una carta de delegación papal. El poder laico estaba obligado a colaborar, aportando parte de los oficiales, los cuales constituían prácticamente su guardia *de corps*. A continuación, nombraba su corte (formada por un vicario, comisarios, algunos *boni viri* —que constituían

AUTO DE FE

Cuando el condenado por brujería o por herejía reconocía públicamente su culpabilidad y pedía volver a formar parte de la Iglesia católica, efectuaba el llamado *auto de fe*. El término deriva del portugués *autos da fé* (acto de fe), y era un acto espectacular que constituía una ocasión inmejorable para impresionar a la gente: los condenados se presentaban vestidos con un sayo sin capucha y con altos sombreros cónicos, reconocían su culpabilidad y realizaban actos de sumisión.

una especie de jurado— guardias para la prisión y escribanos), y procedía a interrogar a los sospechosos y a examinar a los testigos de la acusación.

El procedimiento jurídico tenía lugar en el denominado *tempus gratiae*. En cuanto llegaba al lugar, el inquisidor pronunciaba un sermón general en el que invitaba a todos los parroquianos a aportar informaciones sobre la posible presencia de brujas y herejes. Esta fase duraba un mes aproximadamente, a lo largo de la cual se recogían testimonios y se aceptaba la confesión de quienes se declararan culpables, que solían ser condenados a penas de carácter espiritual. Los acusados por los testigos eran arrestados, y los que no se localizaban eran declarados en rebeldía.

Los presuntos culpables tenían que comparecer ante el tribunal constituido por un diocesano ordinario, el inquisidor local (o un delegado) y el consejo formado por clérigos y juristas.

La presencia de un abogado no estaba prevista, aunque las fuentes divergen en este punto. Inocencio III había prohibido la intervención de defensores, norma que sin embargo no siempre fue respetada. Por ejemplo, un importante cazador de brujas, Nicolau Eymerich, fue tolerante en este punto, considerando la defensa de los imputados una concesión que en situaciones determinadas podía ser concedida. Cuando las pruebas contra los acusados no eran convincentes, y no habían dado resultados satisfactorios la detención y la tortura, se procedía a la excarcelación. En el caso de que los imputados se consideraran culpables, se confiaban al «brazo secular» (la justicia laica) para la ejecución de la sentencia según el código jurídico.

Según la legislación canónica, los inquisidores no podían perseguir a nadie sin haber obtenido antes el consentimiento diocesano.

Los inquisidores tenían el deber de tomar declaración a los acusados, incluso aunque se les sometiera a tortura (en esta página y en la siguiente, *dos grabados del siglo XV*)

Una institución en equilibrio político

A partir del siglo XIV la Inquisición se convirtió en un componente efectivo de la organización jurídica y administrativa de la Iglesia. Se consolidó prácticamente en casi todo el Occidente cristiano, salvo en Gran Bretaña, Castilla y Escandinavia.

Sin embargo, el Tribunal degeneró debido a una gran burocratización y perdió su flexibilidad primitiva, convirtiéndose así en un instrumento rígido, no siempre capaz de adaptarse a las necesidades de cada caso concreto.

Junto a un proceso muy estereotipado, hecho a menudo de discursos larguísimos (que hoy en día nos permiten reconstruir detalladamente los procesos), surgieron los «manuales» para los inquisidores, que contenían las normas y las indicaciones para el desarrollo correcto de las investigaciones y del proceso.

Actualmente, los historiadores tienen tendencia a reconsiderar ciertas «leyendas negras» surgidas alrededor de la Inquisición, y sostienen que los tribunales procuraron condenar a muerte lo menos posible.

Esta actitud no se debía a una voluntad de índole humanitaria, sino a motivos políticos, ya que un exceso de condenas habría roto el equilibrio de la comunidad y habría perjudicado la imagen del poder eclesiástico.

No faltaron los conflictos de competencias entre el Tribunal de la Inquisición y el poder laico. Por ejemplo, en el año 1521, León X amenazó con la excomunión al Senado de Venecia por intentar la limitación de los poderes de los inquisidores de Brescia y de Bérgamo. Los casos fueron numerosos, aunque a veces resulta difícil llegar a ellos, y dicen mucho sobre una relación problemática en la que intervinieron demasiados intereses y sobre todo muchas contradicciones.

Las distintas Inquisiciones

La Inquisición se consolidó sobre todo en el centro y sur de Europa, en los países donde era más evidente el miedo al complot religioso y la lucha contra la herejía, y por tanto, donde había un terreno fértil para la aplicación de la represión contra los seguidores del mal. Como ya hemos dicho, fue una institución con varias caras, a las que correspondían funciones diferentes.

La Inquisición episcopal

La Inquisición episcopal surgió entre los siglos XII y XIII con el objetivo de reprimir principalmente la herejía cátara (del griego *kàtharos*, «puro»), actuando a través de las figuras de los obispos que se encargaban de dirigirse a la gente de a pie para descubrir a los herejes. Fue un brazo débil que no tuvo ni la fuerza ni la estructura suficientes para convertirse en un obstáculo concreto que impidiera el avance de la herejía, y todavía menos para situarse como una oposición de peso en la lucha contra la brujería.

LOS CARGOS DE LOS INQUISIDORES

La estructura del Tribunal de la Inquisición española estaba muy articulada y esto permitía, a diferencia de otros tribunales, una posibilidad mayor de valoración de los fenómenos relacionados con la herejía. El Tribunal estaba constituido del siguiente modo:
Procurador fiscal: su función era convertir las denuncias en acusaciones.
Consultores: colaboradores de los inquisidores, aunque su función fue evolucionando.
Calificadores: teólogos y hombres de ciencia cuya función era juzgar el contenido de los textos y de las declaraciones de los herejes.
Secretarios: eran tres, el *secretario de secuestros* (que inventariaba los bienes de los acusados), el *secretario del secreto* (que verbalizaba las declaraciones de testigos e imputados) y el *escribano general* (que registraba actas y sentencias).
Alguacil: oficial encargado de proceder al encarcelamiento de los imputados, al que acompañaba el *alcaide*, cuya función era el control y el mantenimiento de los presos.

La Inquisición española

En 1478 Sixto IV autorizó a los Reyes Católicos para que nombraran a los inquisidores de sus reinos. Es interesante observar que en España, a diferencia de otros países, la relación entre poder monárquico e Inquisición fue especialmente sólida, hasta el punto que se puede decir que el primero favoreció la afirmación de la segunda.

Más allá de las lecturas políticas sobre la relación entre poder laico y poder religioso, cabe observar que la Inquisición española tuvo la difícil tarea de asentarse en una realidad social marcada por luchas religiosas y étnicas muy virulentas.

En efecto, en aquella época vivían en España unos cien mil judíos y trescientos mil musulmanes, además de un número indeterminado de *conversos*, es decir, convertidos por la fuerza a lo largo del siglo XIV. En el año 1492, cuando Colón zarpó en busca de un paraíso improbable, los judíos fueron obligados a elegir entre la expulsión o la conversión, y muchos de ellos optaron por el exilio. A principios del siglo XVI, los musulmanes también fueron obligados al bautismo. Sin embargo, esta situación de aparente control social no satisfacía a los reinantes, que encontraron en la Inquisición un instrumento político muy fuerte para reprimir y condenar a los hebreos y, en consecuencia, para mantener la «corrección moral» invocada por el poder temporal.

A partir de 1540, al tiempo que disminuía la presión represiva sobre los conversos, se cerraba el cerco contra los moriscos; las autoridades lograron sofocar sus revueltas con éxito alternado, hasta que en 1609, muchos musulmanes cristianizados fueron deportados a Francia o al norte de África.

A partir de la segunda mitad del siglo XVI, el tribunal español empezó a ejercer su control hacia la disidencia religiosa en el seno de la cristiandad: un problema que se manifestó con especial virulencia cuando España se anexionó Portugal (1580), cosa que permitió el retorno a suelo español de los conversos que se habían refugiado en Portugal después de ser expulsados de España en 1492, así como la libre circulación de ideas heréticas y desestabilizadoras.

Por economía de nuestro texto, debemos destacar que si bien la Inquisición medieval había favorecido la consolidación de las opiniones relativas al aquelarre, al vuelo de las brujas y al pacto satánico, la Inquisición española no dedicó una atención particular a la brujería —salvo en contadas excepciones— valorando con mucha racionalidad la creencia y aconsejando en algunos casos la absolución de los acusados.

La Inquisición romana

Su origen debe relacionarse con la intervención de Pablo III, que en 1542 reorganizó el Tribunal. En Roma, en vigilias del Concilio de Trento, se instituyó, con la bula *Licet ab initio*, un oficio central al que se confió la jurisdicción de toda la cristiandad. A partir de entonces, la Inquisición romana pasó a denominarse Santo Oficio y se le encomendó la función específica de combatir las corrientes protestantes.

Se trataba de una inquisición medieval reorganizada según los principios del centralismo que había funcionado en España. Se creía que así se podrían eliminar los obstáculos que la habían paralizado en el pasado: falta de ordenación entre los tribunales, circulación insuficiente de las informaciones, política contradictoria del papado que unas veces apoyaba a los inquisidores y otras anulaba sus decisiones.

(DELEMEAU, J., *La paura in Occidente - secoli XIV-XVIII. La città assediata*, Turín, 1975)

Naturalmente, su obra no fue fácil, en parte porque en algunos Estados, como fue el caso de Francia, consideraban que el Tribunal de la Inquisición era la expresión de un poder extranjero y, por tanto, se opusieron a su jurisdicción en sus países. Además de los problemas de disidencia religiosa, la Inquisición romana se interesó también por otros delitos, como precisamente la brujería y la magia, y ejerció el control de las conversiones de judíos y musulmanes. Sin embargo, en este contexto concreto no tuvo la misma influencia devastadora que la Inquisición en España, aunque sí se convirtió en el estandarte de una mentalidad muy oscurantista. Son casos ilustrativos los procesos contra Tommaso Campanella, Giordano Bruno y Galileo Galilei.

Su autoridad duró hasta el siglo XVII y fue disminuyendo a lo largo del siglo siguiente. Los Estados constitucionales nacidos de la Revolución Francesa fueron los artífices del desmantelamiento del Tribunal de la Inquisición. La Congregación romana del Tribunal de la Inquisición conservó su función de protección de la ortodoxia, constituyéndose en un instrumento concreto de defensa de los valores morales de la Iglesia. En efecto, la función de la Congregación dejó de lado la represión de la herejía para centrarse en el plano estrictamente religioso. Por esta razón, Pablo VI, en el año 1965, cambió el nombre de Congregación del Santo Oficio por el de Sagrada Congregación para la Doctrina de la Fe, con la función de tutelar «la doctrina sobre la fe y las costumbres morales de todo el mundo católico».

La otra cara del Tribunal de la Inquisición

Según muchos estudios, el aura negativa que rodea a la Inquisición estuvo determinada por las críticas de la cultura protestante del siglo XVI y de los libelos ilustrados, y también por cierta literatura de inspiración masónica del siglo XIX.

Actualmente, los historiadores que han empezado a estudiar la abundante documentación de los archivos constatan con estupor que era una institución dotada de reglas ecuánimes y de procedimientos no arbitrarios, con una corte judicial que no dudaba en desaconsejar la tortura y desalentar las denuncias y delaciones;

se trataba de un organismo mucho más templado e indulgente que los tribunales civiles de la época.

(PAPPALARDO, F., *Lo «scandalo» dell'Inquisizione tra realtà storica e leggenda storiografica en* CARDINI, F., *Proccessi alla Chiesa. Mistificazione e apologia*, Casal Monferrate, 1994, pág. 353)

Por ejemplo, a través del estudio de los procesos del inquisidor Bernardo Gui, se demostró que de los 930 acusados, sólo 40 fueron entregados al brazo secular, mientras que 139 fueron absueltos, y los otros, condenados a penas menores.

Hasta el siglo XII las herejías habían sido contrastadas sólo en el plano doctrinal y con medios espirituales. Sin embargo, la situación, como ya hemos visto, tuvo que evolucionar necesariamente debido a la presión de las reacciones anticlericales, que pasaron de la disensión con respecto a la doctrina, a la crítica del planteamiento institucional.

Si realmente, como afirma el estudioso protestante Henry Charles Lea, «la causa de la ortodoxia no era más que la excusa de la civilización y del progreso» (*Storia dell'inquisizione. Origine e organizzazione*, Milán, 1974, pág. 17), es evidente que la Inquisición debe ser considerada una institución oscurantista

Las representaciones del Tribunal de la Inquisición reflejan frecuentemente la brutalidad de los inquisidores, como en este grabado del siglo XIX

y bárbara. Pero la opinión de Lea reflejaba el racionalismo. Pero el anticlericalismo y el racionalismo no pueden explicar por ellos mismos el fenómeno de la brujería. Dicho fenómeno tuvo una dimensión tal que no podía ser considerado solamente el fruto de una interpretación teológica destinada a condenar toda forma de rito que no estuviera acorde con los principios canónicos. Debemos añadir que si la función de la Inquisición fue arrestar a quienes cometían delitos morales y sociales más que espirituales, entonces es necesaria una valoración más serena de su papel.

La Inquisición surgió no para luchar contra herejes imaginarios, sino como reacción a los excesos de movimientos como los cátaros, portadores de un totalitarismo de la muerte, apologistas del suicidio y del homicidio de los opositores, y —más tarde— como los dolcinianos, dispuestos a arrasar los pueblos en nombre de una utopía comunista.

(PAPPALARDO, F., *Lo «scandalo» dell'Inquisizione tra realtà storica e leggenda storiografica*, en CARDINI, F., *Processi alla Chiesa. Mistificazione e apologia*, Casal Monferrate, 1994, pág. 354)

No hay que olvidar que muchas veces la intervención de los inquisidores era requerida por las autoridades locales, que con la ayuda de un tribunal eclesiástico buscaban la manera de controlar una situación social frecuentemente trastornada por las desgracias y atormentada por muchos temores. En algunos casos, la actividad represora causó reacciones en la población local: en Roma, después de la muerte de Pablo IV (1559), se produjo una insurrección popular que culminó con el asalto a la sede del Tribunal de la Inquisición.

CUANDO ACABABA MAL PARA EL INQUISIDOR

Un ejemplo del conflicto que a veces estallaba entre el Tribunal de la Inquisición y la población lo tenemos en Susa (Turín), donde en 1365 fue asesinado el inquisidor dominico Pietro da Ruffia, que se encontraba allí para celebrar un proceso contra brujas o herejes, de modo que cualquiera se podía acercar a él fácilmente.

El asesino probablemente le siguió durante un cierto tiempo para descubrir los hábitos de aquel clérigo odiado por mucha gente. Después de unos días de acecho, fue sorprendido en la salida del templo franciscano por el cuchillo homicida. El cuerpo no fue encontrado hasta la mañana siguiente, cuando el asesino había huido sin dejar rastro.

Quizá el inquisidor Pietro da Ruffia murió porque alguien quiso vengar a algún familiar o amigo que había sido víctima de la Inquisición, pero tampoco puede descartarse la posibilidad de que el móvil homicida fuera otro, y no tuviera nada que ver con la lucha contra los herejes, sino que se tratara de un ajuste de cuentas dentro de la propia Inquisición.

Torturas y hogueras

En el capítulo anterior hemos visto la función del Tribunal de la Inquisición y hemos mencionado las penas con las que se castigaba a los culpables del delito de herejía/brujería. El Tribunal podía valerse de sistemas coercitivos especialmente violentos que permitían arrancar las confesiones a los acusados. La tortura representaba un medio para dar consistencia a las acusaciones elaboradas por el inquisidor, que sustancialmente tenía tres vías de actuación:

— se valía de una denuncia manifiesta realizada por un testigo que debía demostrar el fundamento de sus acusaciones, siendo castigado con la pena del talión en caso de que no fuera capaz de aportar las pruebas;
— se basaba en el testimonio de un acusador que no estaba obligado a aportar pruebas ni a intervenir en el juicio, y que actuaba movido únicamente por «celo de la fe, por temor a la excomunión eclesiástica con la que el ordinario del lugar amenazaba a los reticentes, o como consecuencia de las penas temporales aplicadas en su contra por los magistrados seculares»;
— actuaba de oficio respondiendo a la *vox populi* que reclamaba la intervención eclesiástica y laica contra las brujas que se creía que actuaban en una zona determinada.

Brujas ahorcadas y demonios, en forma de sapos, que asisten a la muerte de las condenadas

La verdad arrancada por la fuerza

Durante mucho tiempo la «leyenda negra» que ha acompañado la imagen del Tribunal de la Inquisición ha equiparado a los inquisidores con torturadores sedientos de sangre, siempre dispuestos a practicar violencia gratuita en víctimas indefensas.

Esto no es del todo exacto por varios motivos: en primer lugar, no es justo considerar a todos los inquisidores malvados o violentos; en segundo lugar, la tortura formaba parte de la praxis jurídica del derecho romano, y los tribunales laicos hicieron uso de ella hasta el siglo XVIII.

Técnicamente, la tortura consistía en un conjunto de coerciones y tormentos físicos y psicológicos encaminados a la confesión del reo.

Como ya hemos visto, en la Alta Edad Media la tortura compartía el protagonismo con las ordalías, que dictaminaban la inocencia del acusado en función de su capacidad de superar indemne sufrimientos físicos intensos. Entre finales del siglo XII y el inicio del siglo siguiente, la tortura fue introducida en las prácticas jurídicas de Europa occidental, gracias a la recuperación, por medio del código de Justiniano, de las normas del derecho romano.

Reconstrucción de una sala de torturas (siglo XVI)

LA MARCA DEL DIABLO

En algunos interrogatorios, los acusados de brujería eran desnudados y depilados para favorecer la búsqueda del denominado *punctum* o *stigma diabolicum*, un punto del cuerpo considerado insensible. Para encontrarlo se pinchaba al prisionero con largas agujas. Si el reo no manifestaba ninguna reacción, los inquisidores veían en ello la confirmación de su relación con el diablo. Naturalmente, este era un elemento de prueba muy importante. En ciertos casos, la falta de reacción podía ser debida a una especie de anestesia histérica o a otras causas psicofísicas en aquella época desconocidas.

Como se ha dicho, el uso de la tortura fue legitimado en 1252 por Inocencio IV con la bula *Ad extirpanda*; más tarde, Alejandro IV autorizó la absolución de aquellos religiosos que, haciendo uso de la tortura, infringieran las prohibiciones canónicas relativas al principio «*Ecclesia abhorret a sanguine*» (la Iglesia siente horror por la sangre). La tortura adquirió cada vez más importancia en la caza de brujas.

A esta práctica, por un lado se le reconocía el papel de instrumento útil para llegar a la verdad, y por otro lado, se le atribuía una especie de valor

Buscando la «Marca del diablo» (siglo XIX)

«espiritual», como demuestra la afirmación del célebre inquisidor Bernardo Gui, según la cual «el sufrimiento ayuda a reflexionar». A partir de finales del siglo XIV empezaron a circular manuales para inquisidores en los que, entre otras cosas, se daba una atención especial a la tortura.

Los autores del citado *Malleus maleficarum* explicaban cómo tratar a los imputados:

> Si no quiere confesar la verdad, ni con las amenazas ni con tales promesas, entonces ejecuten los ministros la sentencia dada, y el interrogatorio con tortura se cumpla de la forma habitual, no modos nuevos o refinados, ni demasiado leves o demasiado pesados, sino según lo que exige el crimen del delincuente, y mientras es interrogado con apremiante frecuencia sobre ciertos asuntos propios del interrogatorio, empiécese por los más leves, porque admite más rápidamente cosas leves que cosas graves.
>
> Y mientras esto ocurre, que el escribano deje constancia de todo en el acta, de qué modo transcurre el interrogatorio y de qué modo responde.
>
> Y nótese que si confiesa entre tormentos, debe ser llevado a otro lugar para que lo reconozca de nuevo, de manera que no haya confesado solamente a fuerza de tormentos.
>
> (Libro II, Cuestión XIV)

Las técnicas aplicadas eran muy variadas y no seguían una usanza generalizada, sino que variaban según la región y el periodo histórico.

Uno de los más comunes, porque no requería un mecanismo demasiado complejo, era el «trato de cuerda», que consistía en levantar varias veces al reo, con las manos atadas detrás de la espalda, y dejarlo caer.

También estaba el dolorosísimo «caballete», un artilugio para estirar las extremidades del interrogado; la tortura del fuego era más inmediata, y consistía en untar con grasa los pies del interrogado para luego ponerlos al lado de una llama.

La tortura de la cuerda (siglo XV)

La «mancuerda» era un sistema de contención que comprimía muñecas y tobillos; las «canette» apretaban los dedos unos contra otros.

Un sistema de tortura que requería un tiempo muy largo de aplicación era no dejar dormir al acusado durante largos periodos, hasta que se decidiera a confesar.

Los debates sobre la legitimidad de la tortura

Al inicio del siglo XIV la Iglesia lanzó varias invitaciones para que se usara la tortura con cautela, siempre sin perder de vista la salud del reo.

El debate sobre la legitimidad de la tortura se prolongó unos siglos, involucrando a juristas y filósofos y, en algunos casos, a teólogos. Básicamente siguió aplicándose en la práctica, aunque se instauraron ciertas modificaciones que intentaban hacerla más «democrática».

La *Constitutio criminalis caroline*, emitida por el emperador Carlos V en 1532, si bien confirmaba la validez de este instrumento, destacaba la necesidad de reglamentarlo, para que no se convirtiera en un simple instrumento de violencia.

Un ejemplo del uso «psicológico» de la tortura, un uso en cierto modo más moderno, nos llega del *Sacro Arsenale,* del dominico Eliseo Masini, que en el siglo XVII publicó este tratado en el que se afirmaba que la tortura debía aplicarse sólo cuando las otras pruebas fueran insuficientes y que, en cualquier caso, la actuación debía ser cauta, con numerosas interrupciones, con el fin de inducir al imputado a la reflexión.

La tortura empezó a caer en desuso mediado el siglo XVIII, cuando Federi-

Las declaraciones del interrogado se recogían en el acta del proceso (siglo XVI)

CESARE BECCARIA

Estas son algunas consideraciones ilustradas de Cesare Beccaria sobre la tortura, uno de los padres de la moderna administración de la justicia, recogidas en su libro *De los delitos y de las penas* (1764):

> Una crueldad consagrada por el uso en la mayor parte de los países es la tortura del reo mientras se instruye el proceso, para obligarlo a confesar el delito, o para ver si incurre en contradicciones, o para el descubrimiento de cómplices, o por no sé qué metafísica e incomprensible purgación de infamia (...). Otro motivo ridículo de la tortura es la purgación de la infamia, es decir, un hombre considerado culpable por las leyes debe confesar su declaración mediante la dislocación de sus huesos. Este abuso no debería ser tolerado en el siglo XVIII. Se cree que el dolor, que es una sensación, purga la infamia, que es una simple relación moral.

co II de Prusia la eliminó de las prácticas judiciales. Uno de los elementos que sin duda contribuyeron a la supresión de la tortura fue el libro de Cesare Beccaria *Dei delitti e delle pene* (De los delitos y de las penas), que originó una verdadera revolución y abrió un nuevo camino en la historia de la justicia.

La pena «justa»

Normalmente, las penas previstas para los que eran considerados culpables de un delito de brujería eran de tres tipos: espirituales, judiciales (o económicas) y corporales. Las primeras iban desde la abjuración hasta penitencias de varios tipos; las segundas podían incluir desde multas de distinta cantidad hasta la confiscación de bienes; las terceras iban desde la detención hasta la pena de muerte.

LOS COSTES DEL SUFRIMIENTO

En la segunda mitad del siglo XVI, en Saboya, la retribución del verdugo estaba en relación con el tipo de intervención solicitada. Según documentos de la época, las torturas más caras eran cortar la cabeza y posterior descuartización del cuerpo, cortar la mano y poner en la rueda (36 liras); luego seguían cortar la cabeza o ahorcar (21 liras), quemar a una bruja o azotar (16 liras)... mientras que lo más barato era poner en la picota (2 liras).

Dejando de lado las cifras, estos datos son un testimonio de microhistoria que hace palpable y fácilmente imaginable el horror de un periodo en el que la «justicia» se administraba con métodos totalmente sordos y ciegos a los aspectos humanos.

La pena de muerte se establecía para los reincidentes o reos convictos que se negaban a retractarse o se obstinaban en negar. En estos casos, la hoguera era la pena más difundida, porque el fuego tenía la capacidad de purificar del mal a aquel que había aceptado a Satanás como su único dios.

Un aspecto sobre el cual existe una cierta confusión es el número de brujas condenadas a muerte. Cabe decir que no disponemos de datos ciertos: las cifras que a menudo se manejan no aparecen oficialmente en ningún documento histórico y quizá no sean más que suposiciones.

Aunque presumiblemente el número de procesados fue muy alto —hay fuentes que hablan de un millón de procesos contra brujas y brujos—, parece razonable pensar que el número de condenados fue de unos miles. En definitiva, la información acerca del gran número de brujas condenadas a la hoguera, tal como la tradición ha hecho llegar hasta nuestros días, pertenece al ámbito de la leyenda, del imaginario popular, carente de toda voluntad de investigación racional, una interpretación no objetiva y plagada de sugestiones y de lugares comunes, que todavía hoy, pese a los resultados alcanzados por la historiografía moderna, continúa alimentando el mito de la brujería. Otro tema que debe ser analizado con detalle es el aspecto económico de la brujería, es decir, los múltiples mecanismos existentes en la base de aquella caza que, en los siglos XV y XVI, representó un verdadero negocio. Las compensaciones para los inquisidores y sus colaboradores, para el verdugo y para todos aquellos que prestaban su ayuda en todo el proceso hasta la ejecución. El análisis de este aspecto saca a la luz una dimensión poco conocida de la brujería, la económica, que se puede analizar a partir de la información contenida en las actas de los procesos. Todos los bienes del condenado iban al fisco, que retenía las costas del proceso. Pero las cuentas no siempre eran claras, y Amadeo XI de Saboya promulgó un decreto, el 3 de septiembre de 1468, que prohibía a los inquisidores quedarse con el tercio de los bienes del condenado.

Reconstrucción de una ejecución en masa de herejes y brujas

Los grandes acusadores

Fueron muchos los inquisidores que participaron en la caza de brujas, aunque la pista de la mayor parte de ellos no figura en las actas de los procesos, apiladas en polvorientos archivos. Por el contrario, otros cazadores de brujas han tenido una influencia capital en la historia de la brujería, sobre todo por las opiniones expresadas acerca de las presuntas «mujeres de Satanás». Sus opiniones nos ofrecen una imagen histórica muy precisa, que todavía hoy nos sorprende por la lucidez con la que fue dibujada.

Bernardo Gui (1260-1331)

Este jovencísimo dominico fue profesor de teología y prior de al menos siete comunidades. En el año 1307 el papa Clemente V lo nombró inquisidor de la región de Tolosa, donde había muchos albigenses.

Los conocimientos de Gui en materia de herejía y de brujas se recoge en la obra *Pratica inquisitionis hereticae pravitatis*, en la que se dan las indicaciones para intervenir en los procesos contra las distintas formas de herejía. Se trata de un volumen que muestra claramente todos los aspectos de la actividad del inquisidor, pero en el que también se aprecia la fragilidad del hombre, que a menudo cae en sus hipotéticas certezas cuando se encuentra en presencia del mal, al que no siempre es capaz de dar un rostro.

Suya es la citada frase: «El sufrimiento induce a la reflexión».

Nicolau Eymerich (1320-1399)

Cura dominico que en 1357 fue nombrado inquisidor de Aragón. Fue uno de los más encarnizados perseguidores de los valdenses; vivió en Roma, como capellán de Gregorio XI hasta 1378, cuando al producirse el cisma de Occidente se alineó junto al antipapa Clemente VII. Escribió el *Directorium inquisitorum* en Aviñón, un manual para uso de inquisidores que fue revisado y ampliado casi dos siglos después por Francisco de la Peña, y fue reeditado cinco veces en menos de treinta años. Al introducir modificaciones y correcciones, De la Peña escribió:

La finalidad de los procesos y de la condena a muerte no es salvar el alma del acusado, sino preservar el bien público y aterrorizar al pueblo. El abogado debe encargarse de incitar al acusado a la confesión y al arrepentimiento, y solicitar una penitencia por el crimen que ha cometido. ¡No somos carniceros! Que se haga todo lo necesario para que el imputado no pueda proclamarse inocente y no dar al pueblo el mínimo motivo para creer que la condena sea injusta. Aunque sea duro mandar a la hoguera a un inocente... Aplaudo la práctica de torturar a los prisioneros.

Francisco de la Peña introdujo unas modificaciones que endurecieron todavía más el manual Directorium inquisitorum *de Nicolau Eymerich*

Nicolas Jacquier (inicio siglo XV-1472)

Alrededor del año 1450 fue enviado a Evreux con el fin de ejercer el cargo de inquisidor, actividad que desarrolló a lo largo de casi toda su vida. Compuso el tratado sobre la demonología *Flagellum haereticorum fascinariorum*.

En esta obra elabora una teoría según la cual los seguidores de Satanás entraban en posesión de los poderes diabólicos a través de un pacto que consideraba real y no fruto de la ilusión.

Para combatirlo lanzaba una afligida llamada a los sacerdotes, invitándoles a realizar una férrea obra de evangelización y de lucha contra aquellos que difundían la herejía en todas sus variantes.

Jean Vineti (inicio siglo XV-1470)

Son escasas las noticias sobre este personaje; desde 1443 y hasta su muerte ejerció la actividad de inquisidor, primero en París y posteriormente en Carcasona. En su obra más famosa, *Tractatus contra daemonum invocatores*, Vineti intentó demostrar con argumentos teológicos la existencia de la brujería, pero siempre sirviéndose de experiencias de carácter filosófico. De hecho, este tratado no contiene métodos prácticos para afrontar la brujería, sino sólo indicaciones teóricas.

Tomás de Torquemada (1420-1498)

Fue el primer inquisidor general de la Inquisición española. Su obra ha generado opiniones opuestas: por un lado, hay quien lo consideró un funcionario despiadado al servicio de Isabel y Fernando, y por otro, lo valoraron como un hombre pío y devoto, alrededor del cual se había tejido una falsa «leyenda negra». Su objetivo principal fue crear una identidad nacional española aferrada a la ortodoxia católica. En cualquier caso, fue un inquisidor extraordinariamente activo, como demuestra el hecho de que en quince años instruyó unos 100.000 procesos, es decir, unos veinte al día.

Una ilustración del Malleus Maleficarum *de Sprenger y Kramer*

Jakob Sprenger - Heinrich Kramer (Institor) (1436-1495; 1430-1505)

Sprenger fue uno de los partidarios de la reforma dominica; fue inquisidor en las diócesis de Colonia, Tréveris y Maguncia durante el pontificado de Sixto IV; Inocencio VIII le nombró inquisidor para la alta Renania.

Kramer llevó a cabo su actividad de inquisidor en el norte de Alemania, mostrándose siempre un encarnizado enemigo de las brujas. Su crueldad motivó incluso que en 1486 el obispo de Bressanone, Geor Golser, interviniera por considerar que su método era excesivamente represivo.

Ambos son autores del citado *Malleus maleficarum*, una obra que en la práctica se convirtió en una guía para inquisidores y para quienes deseaban saber cómo actuaban las brujas y qué métodos había que adoptar para acabar con su poder. Al *Malleus maleficarum* también se le llamaba *Martillo de las brujas*, porque, como advertían sus autores, servía para «golpear a las brujas y a sus herejías con un mazo potente».

Bartolomeo Spina (1474-1546)

Fue vicario del inquisidor Antonio da Ferrara en Módena y llevó a cabo una intensa actividad didáctica. Entre sus muchas obras figura el *Quaestio de Strigibus*, que trata sobre el mundo de la brujería.

En la obra de Spina se pone de relieve un hecho sustancial: la fenomenología ligada con las brujas no es fantasía, sino realidad, que no puede deberse a las ilusiones suscitadas por el demonio y que debe considerarse un fenómeno objetivo.

Bernardo Rategno (?-1510)

Más que un inquisidor propiamente dicho, fue un teórico de la Inquisición contra la perversión de la herejía. Escribió un estudio sobre las brujas, *De strigibus*, donde destaca los daños causados por la «secta abominable de hombres y especialmente de mujeres» que habían sellado pactos diabólicos.

El padre Rategno aportaba algunas pruebas que permitían confirmar la existencia concreta de la brujería:

> Primero: todos, hombres y mujeres, confiesan las mismas culpas.
> Segundo: los incriminados han sido vistos y sorprendidos por personas dignas de fe.
> Tercero: las personas llevadas por el diablo al aquelarre fueron encontradas, efectivamente, muy lejos de sus casas.
> Cuarto: los inquisidores no entregarían las brujas al brazo secular si no estuvieran convencidos de la realidad de los hechos.

Johann Weyer (1515-1588)

Fue médico, alumno de Agrippa de Nettesheim, cuya obra prosiguió. En 1563 publicó el *De praestigiis daemonum*, que contiene una parte dedicada íntegra-

Johann Weyer

mente a la brujería. El éxito de esta obra fue tal que tuvo que realizar un compendio: *De lamiis*.

Las opiniones de Weyer iban claramente a contracorriente. Sostenía que el demonio confundía a las brujas con su poder, haciéndoles ver cosas que en realidad no existían.

> Entiendo por bruja aquella de quien se cree que produce (en virtud de un pacto prodigioso o de una imaginaria unión con el demonio, por su libre elección y voluntad o por instigación del propio demonio y por el poder de este) maleficios de las más variadas especies: y estos simplemente con el pensamiento, o bien mediante la maldición, o con acciones grotescas y contrarias al orden establecido, como sería encender rayos en el cielo, provocar tormentas, arrancar los brotes fértiles en los campos y dejarlos desiertos, hacer enfermar de forma no natural a hombres y a animales para luego encontrar remedios sobrenaturales, cubrir en muy poco tiempo amplísimas distancias, realizar danzas con los demonios, celebrar banquetes con ellos, comportarse como súcubas y transformar a los hombres en bestias.

Jean Bodin (1529-1569)

Bodin fue un personaje destacado en la caza de brujas. Llegó incluso a acusar a Weyer de ser seguidor de Satanás porque había ofrecido una visión más racional del fenómeno de la brujería. Escribió *De Magorum Demonomania*, una obra que pretendía aumentar las persecuciones de las presuntas brujas. A diferencia de muchos otros acusadores, Bodin era un juez laico y, por tanto, menos propenso a creer en el pacto con el diablo.

En la *Demonomania*, Bodin tomó como referencia su experiencia personal en un proceso por brujería, enriqueciéndola con otras obras escritas sobre el tema. Este libro pretendía ser un manual práctico para los jueces y los inquisidores, y en él se describía a la bruja como una figura real y activa.

Jean Bodin

Francesco Maria Guazzo (1570?-1640)

Autor del *Compendium maleficarum*, una obra en la que se investigan los distintos aspectos de la brujería:

> Sobre la magia y sobre los tipos de esta. Si la magia tiene efectos verdaderos. Sobre los magos y sobre sus operaciones encaminadas a ayudar al demonio. Sobre las formas adoptadas por el diablo para engañar a los hombres. Sobre el maleficio del sueño. Sobre el maleficio del veneno. De la impotencia. Del amor y del odio. Del incendio, etc.

Eliseo Masini (finales del siglo XVI-1630)

Las noticias sobre este dominico son muy escasas. Se sabe de él que fue inquisidor en Mantua, Génova y Ancona. Su legado es la famosa obra *Sacro Arsenale o práctica del Oficio de la S. Inquisición*, una guía práctica para los jueces. Fue uno de los manuales más populares y reeditados. Después de las dos primeras ediciones de 1621 y de 1625, fue reeditado en diez ocasiones hasta el año 1730. Dice Masini:

> Formalmente es bruja aquella que ha hecho el pacto con el demonio y, renegando de la fe, con sus maleficios o sortilegios ha perjudicado a una o más personas, de modo que a esta siga la muerte por tales maleficios o sortilegios [...]; por eso, si consta en juicio que alguna mujer por tan grave delito inculpada sea, deberá en vigor de la nueva Bula Gregoriana ser entregada a la Corte secular si es la primera vez, y ser emparedada viva si es la segunda.

Una ilustración del Compendium maleficarum de Francesco Maria Guazzo

LOS LIBROS PARA LOS INQUISIDORES

La publicación de obras dedicadas a la brujería y a cómo combatirla gozó de una gran difusión durante varios siglos, lo cual prueba la atención que se concedía a esta temática. Muchos de los libros relacionados a continuación se reeditaron en varias ocasiones y se convirtieron en verdaderos manuales para luchar contra el demonio.

ADER, G., *Enarrationes de aegrotis et morbis in Evangelio*, Tolosa, 1623.
AGOBARDO DI LIONE, *Liber de grandine et tronituis*.
ALBERTINO, A., *Malleus daemonum*, Verona, 1620.
ALBIZZI, F., *Risposta all'Historia della Sacra Inquisizione composta già dal R. P. Paolo Servita*, 1639.
ALCIATO, A., *Parergon iuris libri XIII*, Lyon, 1544.
ALESSIO PIEMONTESE, *De' secreti*, Venecia, 1683.
ANANIA, G. L., *De natura daemonum*, Venecia, 1589.
BALUZE, E., *De sortilegis et sortiariis*, sección «Fragmenta capitularium», en *Capitularia regum francorum*, París, 1677.
BENVENUTI, G., *De daemoniacis dissertatio*, Lucca, 1776.
BERNARDINO DA SIENA, *De idolatriae cultu*.
BERNARDINO DA SIENA, *Le prediche volgari*.
BINSFELD, P., *Tractatus de confessionibus maleficorum et sagarum*, Treviri, 1591.
BODIN, J., *De magorum Demonomania seu Detestando Lamiarum ac Magorum cum Satana commercio*, Frankfurt, 1603.
BONELLI, B., *Animavversioni critiche sopra il notturno congresso delle Lammie, per modo di lettura indiritte a un letterato. S'aggiunge il discorso di P. Gaar sulla strega di Salisburgo e il compendio storico della stregheria*, Venecia, 1751.
BONIFACIO DI MAGONZA, *De abrenuntiatione in baptismate*, en J. P. MIGNE, *Patrologia latina*, Vol. IX, París, 1888.
BROGNOLO, C., *Alexicacon, hoc est opus de maleficiis*, Venecia, 1714.
BROGNOLO, C., *Manuale exorcistarum et parochorum*, Venecia, 1714.
BURCARDO DI WORMS, *Corrector et medicus*.
BURCARDO DI WORMS, *Ut episcopi de parochiis suis sortilegos et maleficos expellant*.
CAMPANELLA, T., *Del senso delle cose e della magia*, Frankfurt, 1620.
CANALE, F., *De' secreti universali*, Venecia, 1613.
CANALE, F., *Del modo di conoscere et sanare i maleficiati*, Brescia, 1622.
CARENA, C., *Tractatus de Officio Sanctissimae Inquisitionis*, Cremona, 1655.
CARDI, P. M., *Ritualis romani documenta de exorcizandis obsessis a daemonio*, Venecia, 1733.
CARLI, G. R., *Intorno all'origine e falsità della dottrina de' maghi e delle streghe*, Rovereto, 1749.
CATTANI DA DIACCETO, F., *Discorso sopra la superstizione dell'arte magica*, Florencia, 1567.
CESALPINO, A., *Investigatio peripatetica o daemonum investigatio*, Florencia, 1580.
CESARIO DE ARLES, *Sermons au peuple*.
CESARIO DE HEISTERBACH, *Dialogus miraculorum*.
CICERONE, M. T., *Della divinazione*.
CODRONCHI, G. B., *De morbis veneficis ac veneficiis*, Venecia, 1595.
DE CASINI, S., *Quaestio lamiarum*, s.l., 1505.
DE LANCRE, P., *L'incredulité, et mescréance du sortilège plainement convaincue*, París, 1622.
DE LA TORRE, R., *Tractatus de potestate Ecclesiae coercendi daemones circa obsessos et maleficiatos*, Colonia, 1629.

Della Porta, G. B., *Magiae naturalis, sive de miraculis rerum naturalium libri III*, Nápoles, 1558.
Del Río, M., *Disquisitiones magicarum libri sex*, Colonia, 1720.
Ebendorfer von Haselbach, T., *De decem praeceptis*, s.l., 1439.
Eirico d'Auxerre, *Miracula Germani*, en *Acta Santorum Julii*, s.d.
Eymerich, N., *Directorium inquisitorum*, s.l., 1376.
Gambiglioni, A., *Tractatus de maleficiis*, Colonia, 1599.
Giordano da Bergamo, *Questio de strigis*, s.l., 1470.
Gómez, D., *Iugum ferreum Luciferi*, Valencia, 1676.
Grillando, P., *De sortilegiis eorumque poenis*, Venecia, 1556.
Grimaldi, C., *Dissertazione in cui s'investiga quali sieno le operazioni che dependono dalla malia diabolica e quali quelle che derivano dalla magia artificiale e naturale*, Roma, 1751.
Guazzo, F. M., *Compendium maleficarum*, Milán, 1608.
Gui, B., *Practica Inquisitionis haereticae pravitatis*, 1464.
Jacquier, N., *Flagellum haereticorum fascinariorum, auctore F. Nicolao Iaquerio, et olim haereticae pravitatis Inquisitore*, Frankfurt, 1458.
Institor, H.-Sprenger J., *Malleus maleficarum*, Strasburgo, 1486.
Masini, padre Eliseo, *Sacro Arsenale ovvero Prattica dell'Offitio della S. Inquisitione*, Génova, 1625.
Mazzolini, S., *Summa Sylvestrina*, Bolonia, 1514.
Menghi, G., *Flagellum daemonum sue exorcismi terribiles potentissimi efficaces*, Bolonia, 1577.
Menghi, G., *Compendio dell'arte essorcistica*, Bolonia, 1582.
Molitor, U., *De lamiis et phytonicis mulieribus*, Reitlingen, 1489.
Nider, J., *Formicarius in quinque libros divisus*, Colonia, 1437.
Olivieri, C., *Baculus daemonum*, Perugia, 1618.
Passi, G., *I donneschi difetti*, Venecia, 1599.
Passi, G., *Della magica arte*, Venecia, 1614.
Pico della Mirandola, G., *La strega ovvero Degli inganni de demoni*, Milán, 1523.
Pistacchi Castelli, A., *Tractatus de superstitione reorumque iudicis*, Nápoles, 1678.
Pomponazzi, P., *De naturalium effectuum admirandorum causis, seu de incantationibus liber*, en *Opera omnia*, Basilea, 1567.
Ponzinibio, G. F., *L'antidotario contro li demoni*, Venecia, 1601.
Porri, A., *L'antidotario contro li demoni*, Venecia, 1601.
Prierias, S., *Summa Sylvestrina*, s.l., 1498.
Rategno, B. da Como, *De strigibus*, Milán, 1566.
Sinistrari, L. M., *Daemonialitatis expensa*, Venecia, 1701.
Spina, B., *Quaestio de strigibus*, Venecia, 1523.
Tartarotti, G., *Del congresso notturno delle Lammie*, Rovereto-Venecia, 1749.
Tostato, A., *An homines aliquando portentur a diabolo per diversa loca*, en *Commentaria in primam partem*.
Vairo, R., *De fascino*, París, 1583.
Vespoorten, G., *De daemonum existentia*, Gedani, 1779.
Vincenti, G. M., *Il mondo infestato dagli spiriti, cioè di molti effetti che cagionano i demoni nel mondo e de' suoi remedi, opera utile a tutti*, Roma, 1607.
Vineti, J., *Tractatus contra daemonum invocatores compilatus per sacrae theologiae professorem fratrem Johannem Vineti ordinis Praedicatorum inquisitorem apostolicum Carcassonae*, París, 1483.
Visconti, G., *Lamiarum sive striarum opusculum*, Milán, 1460.

Los procesos históricos

Juana de Arco: de bruja a santa

La vida de Juana de Arco (1412-1431) es de sobras conocida y ha sido objeto de debate por parte de muchos historiadores, que la han analizado desde diversos puntos de vista, especialmente desde el perfil jurídico.

«Salvar Francia»

Esta mística y guerrera nació en Domrémy, una pequeña población de la Lorena, en el seno de una familia de campesinos acomodados, y fue testigo de los efectos devastadores de la Guerra de los Cien Años, que en aquel tiempo conmocionaba a Francia.

El joven Enrique IV, hijo del rey de Inglaterra, era soberano de Francia, mientras que Carlos VII, rey legítimo del trono francés, estaba obligado a vivir retirado en Bourges acompañado de unos pocos fieles. Juana de Arco, que entonces contaba con diecisiete años, abandonó su familia acatando lo que le ordenaban las «voces»: tenía que vestirse con ropa de hombre y «salvar Francia». Pero ¿cómo?

Sin más dilación, Juana fue a Bourges y logró convencer a Carlos VII de la validez de su misión. El rey accedió. Pronto se vio que su opción resultó ser la buena. Al cabo de poco, Juana, al mando del ejército, obtuvo numerosas victorias, entre las que destaca la liberación de Orléans, y logró hacer consagrar al soberano francés en Reims.

En el año 1430 fue capturada por los soldados del duque de Borgoña (aliado con los ingleses), especialmente preocupados por la aventura de Juana de Arco porque en su misión el componente místico era muy importante y, sobre todo, porque resultaba particularmente inquietante la referencia a la guía divina, que Juana decía tener constantemente junto a ella durante toda la empresa.

Debido al misticismo que la rodeaba y que la convertía en un blanco fácil de las críticas de sus adversarios, no fue difícil para el tribunal eclesiástico entrever la influencia del demonio y sus oscuros mensajes. El tribunal, presidido por el obispo Pierre Cauchon, la acusó de herejía y de brujería, acusación que

el 30 de mayo de 1431 la condujo a la hoguera, donde murió como una de tantas brujas que cayeron atrapadas en las redes de la Inquisición.

Con la victoria final de Carlos VII, Juana de Arco fue rehabilitada (1455) y santificada por la Iglesia en 1920, convirtiéndose así en la patrona de Francia.

Una lectura del «caso» Juana de Arco

Parece bastante claro que la condena de Juana de Arco reunía todas las condiciones para ser, ante todo, un caso político, con lo cual los argumentos que la relacionan con experiencias demoniacas serían secundarios.

En el fondo, Juana daba voz a unas necesidades que la convertían en un peligro a ojos de los acusadores (hombres): «¡No deja de sorprenderme que el sexo débil ose lanzarse a empresas tan temerarias!», afirmaba Nider en su libro *Formicarius*.

Estas son, en resumen, las características que demostraban la peligrosidad de Juana de Arco: se vestía de hombre, llevaba a cabo una empresa típicamente masculina (hacía la guerra), decía poseer un contacto privilegiado con Dios (las voces), era próxima a la naturaleza, como dirá durante el proceso, y por tanto no negaba su relación con la cultura precristiana (culto al diablo según los inquisidores).

Sus confesiones, si bien tenían un gran contenido moral y un carácter ciertamente nada demoniaco, dejaban abiertas algunas puertas al mito, lo cual hacía que la situación fuera particularmente controvertida y no pudiera ser interpretada con unanimidad por jueces y testigos. Aclaremos algunos puntos.

En 1429 el soberano ya se quedó sorprendido y maravillado por la personalidad de la mujer que tenía enfrente. Se sabe que interpeló a los teólogos de la universidad para que le dieran algunas aclaraciones, y sobre todo pidió garantías acerca de la obra de una mujer que alguien decía ser enviada por el diablo. Por el contrario, había quien veía en ella una mensajera divina, una especie de criatura angelical, guiada por las «voces» que le indicaban el camino a seguir para liberar a su país.

Ciertamente Juana no hizo nada para hacerse querer... Se cuenta que sus maldiciones tenían una gran fuerza. Así, cuando auguraba la muerte a alguien, poco tiempo le quedaba para comprobar personalmente el poder de la «Doncella de Orléans». Es evidente que una mujer de estas características no podía ser sino una bruja...

El misticismo

Juana de Arco no escondía sus encuentros con algunos santos (Santa Catalina, Santa Margarita, San Miguel), de quienes obtenía advertencias y consejos de índole moral. Respondiendo a los inquisidores que insistían en que les describiera el aspecto externo de los santos, Juana precisó: «Los veo siempre de la

misma manera. Tienen copiosas cabelleras; en cuanto a los vestidos, no sé nada». El acoso por parte del juez continuaba, queriendo saber este último cómo podía saber el sexo de lo santos que se le aparecían: «Los reconozco por las voces y por las revelaciones que me hacen. Sólo sé una cosa: todo esto ocurre por voluntad de Dios».

Además, Juana de Arco especificaba que de estas figuras solamente veía el rostro, dejando en suspense la cuestión del cuerpo, del elemento «físico» que, como se sabe, constituía un motivo recurrente en las acusaciones de relación entre brujas y diablo.

Es muy significativa la postura del juez, que queriendo conocer el aspecto de San Miguel y no habiendo obtenido respuesta de la imputada sobre su vestimenta, preguntó: «¿Estaba desnudo?». La respuesta de Juana fue cristalina: «¿Cree acaso que Nuestro Señor no tiene con qué vestirlo?».

Una cuestión de indudable interés es la que hace referencia a las relaciones entre Juana y el universo mítico, característico de la cultura popular de su país.

A continuación veremos algunos fragmentos del interrogatorio que nos parecen especialmente significativos:

> Cerca de Domrémy hay un árbol, lo llaman «el árbol de las Damas», o también «el árbol de las Hadas». Allí cerca hay un manantial. He oído contar que los enfermos van a beber agua de aquel manantial para curarse [...]. A veces he ido con otras chicas a hacer guirnaldas de hojas para adornar la estatua de Nuestra Señora de Domrémy. Los viejos contaban que las hadas acudían a charlar cerca del árbol. Jeanne Aubry, que era la esposa del corregidor y mi madrina, me contaba a mí, que os estoy hablando, haber visto las hadas en aquel lugar. Pero yo no sé si esto era verdad [...]. He visto chicas de mi pueblo poner guirnaldas de flores en las ramas del árbol y, algunas veces, yo también lo había hecho; unos días nos las llevábamos, otros las dejábamos allí.

Cabría pensar que Juana de Arco formaba parte de un grupo más amplio de personas que tenían por costumbre reunirse en un lugar frecuentado por entes de la naturaleza (hadas). En aquel lugar, las mujeres trenzaban coronas de flores que depositaban en las ramas de un árbol sagrado, próximo a un manantial. El origen de la costumbre de colgar flores y cintas de colores en los árboles, manantiales y efigies, podría provenir de la tradición celta (en la región donde se sitúan los acontecimientos).

La presencia de «damas» nos remite a algunas interpretaciones de la brujería. De hecho, lo que los inquisidores consideraban como reuniones de brujas, en realidad, en las declaraciones de las acusadas se describían como «fiestas» y encuentros con «buenas mujeres», o criaturas con características que podrían relacionarse con las hadas.

Inicialmente la Iglesia consideraba que quien creía en estas figuras era víctima de la ilusión diabólica, pero todavía no estaba sumido en el más crudo culto al diablo. Sin embargo, entre los siglos XII y XIII estas «buenas mujeres» perdieron su humanidad y adquirieron características ligadas directamente a los rituales de la brujería.

La intervención de las hadas daba un tono aún más mítico al caso y ofrecía a los inquisidores la oportunidad de sospechar que en realidad la «buena mujer» o la Señora del Juego, o la Reina de las Hadas, fuese Juana de Arco. Una mujer envuelta en el misterio de su conocimiento mágico e interlocutora privilegiada de una divinidad que quizá sabía convertir los demonios en santos. Aquellos santos que guiaban a la joven guerrera de Domrémy: quizás hada, profeta, combatiente, hereje y finalmente santa.

Su caso estuvo envuelto por el misticismo de una época atormentada por el miedo al diablo y a la mujer, criatura ahora angelical, ahora demoniaca. Y también hada, en cualquier caso...

El diabólico Gilles de Rais

Durante mucho tiempo se creyó que Gilles de Rais había proporcionado una especie de modelo al legendario Barbazul, pero no existen elementos ciertos para sostener esta hipótesis. Nacido en 1404 en Champtocé, en la región de Nantes, estaba destinado a ocupar cargos importantes en su tierra. Su padre, Guy de Laval, estaba al frente del linaje de los Laval-Montmorency, y la madre, Marie de Craon, pertenecía a una de las familias más ricas del reino.

Pero la suerte le fue adversa, porque el padre y la madre murieron dejando al pequeño una inmensa fortuna pero carente del amor de los padres. La tutela recayó en el abuelo materno, Jean de Craon, un hombre excéntrico y original que no fue un buen educador. Bajo su guía, Gilles creció formándose una personalidad inmoral y, según algunas fuentes, siempre que se le presentaba la ocasión daba rienda suelta a su índole perversa.

Muy joven contrajo matrimonio con su prima Catherine de Thouars, pero fue un matrimonio impuesto por la razón y no por los sentimientos. La esposa aportó como dote una importante fortuna y juntos se instalaron en el castillo de Tiffauges.

Gilles no tardó en desinteresarse de su esposa y se dedicó al ocio y a los vicios, que a menudo lograba satisfacer con la ayuda de sus pajes. Sólo los asuntos de la guerra lo apartaban de la ociosidad de la vida en el castillo y lo proyectaban a otro mundo en el que se hacía valer por su coraje y valentía.

En 1424 fue llamado a la corte de Carlos VII. Gilles de Rais llegó a Chinon pocos días después de Juana de Arco, que había acudido a aquel lugar para encontrarse con el Delfín y llevarlo a Reims. El encuentro entre el perverso caballero y la Doncella de Orléans obró un efecto milagroso. A partir de entonces el joven no se separó de la mujer y pasó a ser uno de sus compañeros más valiosos. Con Juana de Arco participó en numerosos episodios gloriosos de la Guerra de los Cien Años. Estuvo presente en la toma de Orléans, y en Reims en los días de la coronación, donde el rey lo distinguió por sus méritos con el título de Mariscal de Francia.

Pero la captura y la muerte de Juana de Arco, seguida por la del abuelo Jean de Craon, dejaron al recién nombrado Mariscal de Francia sin apoyos

prácticos y espirituales. Pero lo peor fue que aquel desastre significó la vuelta de Gilles a los desmanes de los años precedentes.

En pocos años dilapidó su inmensa fortuna en fiestas con jóvenes, compras desorbitadas y excesos de todo tipo.

En su castillo de Tiffauges se inició en la alquimia, a la que se aplicó con la esperanza de obtener oro a partir del metal simple y así poder sanear las arcas familiares.

En aquellos tiempos se dedicó también a la magia negra, y cuenta la leyenda que firmó un pacto con el demonio, el cual le pidió continuos sacrificios humanos. En el transcurso de las misas negras, Gilles ofrecía a los demonios el corazón y otras partes del cuerpo de niños que ordenaba raptar en los campos y que, a partir del momento en que entraban en la terrible fortaleza, se convertían en pobres objetos para los planes ocultos del estremecedor señor del castillo.

Durante el juicio llegó a decir que en su castillo la diversión máxima era «cortar la garganta a los muchachitos, separarles la cabeza, arrancarles las extremidades, abrirles el vientre para observar las vísceras, colgarlos de un gancho de hierro y estrangularlos».

Las autoridades investigaban desde hacía tiempo a Gilles de Rais, aunque procedían con la cautela propia de cuando se acusaba a una persona de linaje. Pero en la primavera del año 1440, el Mariscal de Francia intentó raptar a un monje en la iglesia de Saint Etienne de Mer Morte, con cuyo hermano Gilles tenía un conflicto de carácter patrimonial.

Aquella acción provocó una fuerte reacción: el obispo acusó a Gilles de Rais de infanticidio, pacto con el diablo, actos contra natura y sacrilegio. El 15 de septiembre de 1440 fue arrestado y encarcelado en el castillo de Nantes, donde se celebró el juicio. Después de las primeras audiencias en las que se mostró despectivo e indiferente, el acusado confesó haber matado a unos trescientos niños y pidió perdón a Dios. El 22 de octubre de 1440 pronunció su arrepentimiento en público, ante cuatrocientos fieles.

Las actas del proceso fueron redactadas, por voluntad del condenado, en francés y no en latín, para permitir que pudieran ser leídos por cualquiera de sus contemporáneos. Son testimonios horripilantes, tremendos, que nunca se han publicado íntegramente visto su contenido.

La confesión de Gilles de Rais alcanzó momentos de gran intensidad, como, por ejemplo, cuando afirmó:

> Por mi anhelo y voluntad he raptado y he ordenado raptar un número tan grande de niños que no sabría determinarlo con certeza. Les he dado muerte y he cometido con ellos pecado de sodomía antes y después, y también durante la muerte.

El 26 de octubre Gilles de Rais, noble, Mariscal de Francia, alquimista, satanista, asesino y sádico, fue ahorcado junto con dos de sus más estrechos colaboradores. Sin embargo, el cadáver no fue quemado, sino sepultado por «cuatro damas y damiselas de noble estado y enterrado muy probablemente en la iglesia de Carmine, en dicho lugar de Nantes» (Chartier, J., *Cronaca francese del re Carlo VII*).

Una representación popular del proceso de Essex

Matthew Hopkins, «cazador de brujas» de Essex

Essex es una región de Inglaterra en la que, durante la segunda mitad del siglo XVI, tuvieron lugar muchos casos de brujería. En 1566 tres mujeres de Hatfield Peverel, un pueblo cercano a Chelmsford, fueron inculpadas por numerosos crímenes con ayuda de la magia negra. Una mujer llamada Mother Waterhouse confesó tener un «diablillo» a su servicio que la ayudaba en sus malvadas acciones y que, además, era intermediario para comunicarse con Satanás en persona. El patrón de los diablos se presentaba en forma de gato que la bruja alimentaba con su propia sangre. Mother Waterhouse fue ahorcada.

Matthew Hopkins, que se había autodenominado «cazador general de brujas», persiguió incansablemente a las brujas de Essex. Hopkins era un abogado que empezó su carrera de cazador de brujas en el año 1644, partiendo de Manningtree, en donde al parecer se ocultaba un grupo de mujeres entregadas a Satanás. Hopkins logró que condenaran a unas treinta, y cuatro de ellas fueron ahorcadas porque, según el cazador, habían enviado un demonio para matarlo.

El «éxito» de aquella primera persecución aumentó la notoriedad de Hopkins, que empezó a recibir un gran número de encargos de quienes creían ser víctimas de las brujas. A lo largo de tres años de «trabajo» consiguió hacer que condenaran a muerte a más de doscientas mujeres acusadas de practicar magia negra con finalidades ilícitas.

Matthew Hopkins, el «General cazador de brujas»

Este activo luchador contra el diablo y sus adeptos, aunque no utilizó formas demasiado violentas de tortura, recurrió con frecuencia a medios coercitivos para arrancar las confesiones a los iniciados, como en el caso del pastor John Lowe. Este último, vicario de la parroquia de Brandeston, fue acusado por Hopkins de ser un esclavo del demonio: el «cazador general de brujas» lo obligó a caminar día y noche hasta que confesó sus crímenes, y fue condenado por ellos a la horca.

Muchas voces se alzaron en contra de esta sentencia, porque los cincuenta años de actividad del pastor Lowe se habían caracterizado por una conducta irreprochable. Hopkins lo sometió a la «prueba del agua», y como el anciano vicario flotaba, se le consideró culpable.

Triora, 1589: ¿un lío judicial?

Situada en uno de los puntos neurálgicos del Valle Argentina, en Liguria (Italia), Triora conserva todavía el antiguo prestigio de ciudad fortificada. Sin embargo, lo que dio más fama a esta localidad fue el proceso por brujería que entre 1587 y 1589 incriminó a muchas mujeres de la región, acusadas de ser amantes del diablo.

El motivo de que se levantaran las primeras voces advirtiendo de una intervención sobrenatural fue una carestía que durante dos años atormentó la

región. En verano de 1587 se empezó a hablar de brujería y pronto se señaló a las culpables. La situación fue llevada por el alcalde Stefano Carrega, con la colaboración del Tribunal de la Inquisición de Génova y de un vicario del obispo de Génova.

El proceso se inició sin demora, y poco a poco fue involucrando a un número cada vez mayor de acusadas: el núcleo principal (trece mujeres, cuatro chicas y un niño) se amplió rápidamente, porque las acusadas, que fueron sometidas a tortura, acusaron a otras mujeres, entre las cuales estaban «matronas del lugar».

En enero de 1588, unas treinta mujeres de Triora fueron acusadas formalmente de brujería. Pero el hecho de que en este grupo hubiese mujeres pertenecientes a las clases más altas de la ciudad suscitó la reacción de los ancianos de la región, que se dirigieron directamente al gobierno de Génova para que suspendiera el proceso.

Entretanto, las acciones procesales ya habían provocado víctimas: una anciana de sesenta años, Isotta Stella, murió a consecuencia de la tortura, y otra mujer anónima «por temor a las torturas se tiró desde un balcón muy alto y se causó graves lesiones, y con dichas lesiones fue obligada a presentarse ante la curia, donde murió al cabo de tres días».

Isotta Stella, según la descripción de los ancianos de la poblacion,

> fue torturada varias veces en la cuerda, a pesar de su edad de más de sesenta años; un día casi desesperada llamó al prelado. El obispo confesó tener cómplices de aquello por lo que era sospechosa; luego, fue alimentada con pan y agua, torturada y murió sin confesión.

La carta enviada a Génova surtió el efecto deseado, de modo que el gobierno pidió explicaciones al obispo, que garantizó una solución rápida al caso. Fue interpelado el vicario, Girolamo dal Pozzo, que actuaba en Triora. Este recordó el derecho de aplicar la tortura y destacó, además, que habían sido los mismos ancianos quienes habían requerido la intervención de la Inquisición contra las brujas. Esto fue lo que escribió al obispo:

> Todas en la primera vista sin más amenaza que la tortura han confesado haber hecho aquella perversa profesión en las manos del diablo, y sus confesiones son tales, como se puede ver en los procesos, que no conviene dudar de que hayan confesado por sugestión o por temor.

Según el vicario, aun reconociendo el uso de sistemas violentos para conocer la verdad, dichos sistemas no llegaron a ser tan devastadores como sostenían los ancianos:

> Solamente se les quemaron los pies a las cuatro que eran claramente sospechosas, y a todas ellas con mesura; no es cierto que alguna de ellas haya perdido los pies; es más, tres caminaron siempre por su propio pie; la cuarta quizá todavía no está curada, más por culpa de una mala curación que por la tortura.

Para poner fin al problema, el gobierno de Génova envió al lugar a un comisario extraordinario, Giulio de Scribani, que en cuanto llegó a Triora, en el mes de junio, envió a las cárceles de Génova a las trece mujeres que habían sido acusadas.

Mientras las infelices se dirigían a la capital de la región, donde les esperaba el mando inquisidor superior para la revisión del proceso, Scribani prosiguió sus pesquisas. Y efectivamente descubrió más mujeres, de quienes obtuvo posteriores confesiones.

Llegado a aquel punto estuvo en condiciones de constatar que en Triora se habían producido tres tipos de delitos inducidos por la brujería: acciones diabólicas contra Dios; relación con el diablo; asesinato de hombres y niños usando productos mágicos.

Scribani extendió su búsqueda con gran celo al Valle Argentina y los resultados fueron la acusación de otras mujeres, muchas totalmente incultas.

El comisario extraordinario decidió condenar a muerte a cuatro de las que estaban encarceladas en Génova. Sin embargo, la sentencia causó perplejidad en el gobierno de la ciudad, que encargó a un juez, Serafino Petrozzi, la revisión del veredicto. Su análisis no suscribió el de Scribani.

A continuación fueron enviados dos jueces más, pero ello no benefició en modo alguno a las brujas. La tesis de Petrozzi fue rechazada y a las cuatro condenadas se añadieron otras dos. Entre el gobierno y el Tribunal de la Inquisición hubo momentos de tensión por falta de acuerdo. Mientras tanto, en la cárcel genovesa, el número de brujas que esperaban una aclaración definitiva llegó a dieciocho.

Y mientras se ponía en marcha una revisión laboriosa, las mujeres se consumían en la cárcel, alguna con problemas graves de salud.

Finalmente, el 23 de abril de 1589, la Congregación emitió su valoración, destacando la importancia de «conservar la vida de los súbditos del señorío»; por tanto, «se mandará en breve la orden de liberación para aquellas que han sido procesadas y condenadas por el mencionado comisario, según la docta y religiosa resolución de esta sagrada Congregación».

Era la libertad. No para todas, ya que cinco murieron en la cárcel y de otras nunca más se tuvo noticia. Su nombre fue borrado, pero en Triora se dice que sus fantasmas todavía vagan por las viejas casas del Valle Argentina. Están en pleno derecho de estar furiosas.

Erzsébet Bathory: una bruja-vampiro

La condesa Erzsébet Bathory nació en el año 1560 en el seno de una importante familia, unida estrechamente con la realeza húngara. Su padre había contraído matrimonio con una mujer que pertenecía a otra rama de su misma familia, Ana, hermana del rey de Polonia, Stefan Bathory.

Erzsébet recibió una educación muy exquisita. A los once años ya sabía leer en latín, conocía la Biblia y la historia de Hungría, lo cual era un hecho

excepcional porque las coetáneas de su misma clase social apenas sabían leer y escribir.

Su infancia transcurrió en uno de los castillos de la familia, con los hermanos. Cuando su padre falleció, Erzsébet tenía diez años y ya era la prometida del conde Ferencz Nadasdy, un importante noble de su país. La boda se celebró en el año 1575, en el castillo de Varannò. La esposa tenía entonces quince años.

Al cabo de diez años de matrimonio, Erzsébet era madre de cuatro hijos, y según las crónicas de la época, en su tiempo libre se dedicaba a la magia negra. Es altamente significativo un fragmento de la carta que la condesa envió a su marido, que estaba en la guerra en el frente de Valaquia (Rumania):

> Thorko [uno de sus siervos] me ha enseñado un procedimiento de magia: coge una gallina negra y apaléala con un bastón blanco hasta que la mates. Recoge su sangre y esparce un poco encima de tu enemigo. Si no tienes la posibilidad de esparcirlo encima del cuerpo, consigue una prenda de ropa suya y esparce la sangre en ella [...].

En la carta no indica la finalidad de esta práctica, pero no es difícil suponer que se trata de un trabajo para atacar a un enemigo a distancia, según los procedimientos típicos de la magia negra.

En cuanto tuvo la posibilidad, su castillo se convirtió en un punto de encuentro de magos, brujas y quizá también de alquimistas, todos ellos encantados de encontrar refugio dentro de las estancias de una familia tan poderosa, alejada del control de la Iglesia.

Todo parece indicar que con el paso de los años la condesa orientó sus investigaciones en una única dirección: la conquista de la eterna juventud. Supo que la sangre de virgen era un elixir excepcional, y a partir de aquel día no dejó de pensar en otra cosa.

Los calabozos de su palacio de Csejthe se llenaron de mujeres jóvenes reclutadas en el pueblo, que probablemente la condesa había atraído con la promesa de una gran recompensa. Pero cuando llegaban al castillo de los horrores, las mujeres participaban en rituales oscuros, siendo muchas de ellas sacrificadas y su sangre utilizada por Barthory, convencida de que en aquel néctar encontraría el secreto de la juventud eterna.

El declive de la sanguinaria condesa empezó cuando una de las víctimas logró escapar. Los hechos llegaron a oídos de Matías II de Austria, que ya tenía conocimiento de que en Csejthe ocurrían cosas turbias. Así, Erzsébet Bathory fue arrestada en su castillo. En los calabozos se hallaron las muchachas raptadas, muchas de las cuales mostraban pequeñas heridas causadas por los secuaces para extraerles sangre y ofrecerla a la terrible condesa.

En los sótanos del castillo se encontraron muchos cadáveres. Al final se contabilizaron restos de 610 víctimas, la mayor parte de ellas mujeres. El juicio se celebró en Bicse. Empezó el 2 de enero de 1611 y terminó el 7 del mismo mes. Todos los colaboradores de Bathory fueron ajusticiados después de haber sido sometidos a torturas terroríficas, mientras que las mujeres que se habían prestado al juego de la condesa acabaron sus días en la hoguera, acusadas de

brujería. En cambio, a la noble se le conmutó la condena por la reclusión de por vida en sus aposentos privados de Csejthe.

En marzo de 1611 la puerta fue tapiada, dejando sólo el espacio necesario para pasar la comida diariamente. La condesa vampiro fue encontrada muerta el 14 de agosto de 1614, sin que nadie hubiera podido saber con exactitud en qué consistían los ritos practicados con la sangre de tantas jóvenes víctimas inocentes.

Caterina de Medici: sierva, amante y bruja

La historia de Caterina de Medici, que murió en la hoguera el 4 de marzo de 1617 en Pavía, es una historia como tantas otras en las que la brujería fue una especie de Caballo de Troya en cuyo interior se ocultaron odios personales, venganzas y segundas intenciones.

Caterina estaba al servicio del senador Luigi Melzi de Pavía, de quien era también amante.

El hijo de Melzi, Ludovico, la acusó de ser una bruja y de haber causado una enfermedad a su padre con el objetivo secreto de hacerlo morir. En realidad, el anciano senador sufría fuertes dolores en el estómago que ningún médico sabía curar. Por tanto, a los hombres de ciencia no les costó buscar los posibles orígenes del mal en los oscuros trabajos de la magia negra y más concretamente en Caterina de Medici.

Otros testimonios se unieron contra la pobre Caterina, convencidos de que era una hechicera.

De ella se dijo que era «mujer sucia y de feísima fisonomía» y que había fabricado filtros para hacer que el senador se enamorara de ella y para matarlo con el fin de quedarse con sus bienes.

La posición del hijo del senador de Melzi estaba orientada, probablemente, a salvaguardar la salud de su padre, pero tampoco se puede descartar que en las acusaciones contra Caterina hubiera el temor de que los engaños demoniacos de la mujer pudieran repercutir en el patrimonio familiar.

Acusada de practicar magia *ad mortem*, Caterina de Medici no tuvo demasiados recursos para defenderse, y más aún teniendo en cuenta que en el transcurso del interrogatorio demostró no carecer de conocimientos sobre el aquelarre y las prácticas de brujería.

El juicio se realizó desde diciembre de 1616 hasta el 4 de marzo del año siguiente, cuando, tal y como certifican las actas procesales, la pobre mujer de nuevo «fue torturada sobre otras cosas. Y el día 4 de marzo de 1617 fue entregada a la muerte según lo dispuesto en el decreto del excelentísimo senado».

Probablemente su muerte sirvió para ocultar intrigas familiares que no conoceremos nunca, o simplemente la pobre mujer fue el chivo expiatorio que sirvió para atribuir un origen sobrenatural a la enfermedad del senador Melzi, a quien ningún médico había logrado curar.

La hoguera de Loudun

Los diablos de Loudun

En el año 1634, en Loudun, una pequeña ciudad francesa a pocos kilómetros de Poitiers, un convento entero de monjas fue poseído por el demonio. Sor Jeanne des Anges, priora de las Ursulinas de Loudun, fue la primera en manifestar toda una serie de síntomas que hicieron pensar en la temida posesión diabólica.

Luego, otras dieciséis monjas fueron víctimas de la actividad oculta de Satanás. Interrogadas y exorcizadas, las mujeres señalaron directamente al párroco de la localidad, Urbano Grandier, al cual se le imputaron actos terribles. Al religioso se le acusó de practicar magia negra y de actuar como intermediario entre el demonio y las hermanas.

En realidad, el padre Grandier fue la víctima inocente de una gran maquinación por parte de sus acusadoras.

Su autoridad de párroco no le sirvió de nada para demostrar su inocencia. Aunque fue torturado en repetidas ocasiones, no cedió y negó todas las acusaciones hasta el final.

Pese a todo, murió en la hoguera, casi como un mártir cristiano, víctima de la injusticia humana.

En su larga declaración, sor Jeanne des Anges dijo:

> Urbano Grandier, que tenía a su cargo la principal parroquia de la ciudad, lanzó un maleficio sobre nuestro convento.

EL DIABLO ASMODEO

La figura del diablo Asmodeo, considerado uno de los torturadores de sor Jeanne des Anges, alimentó la fantasía de los esoteristas. Por ejemplo, Jacques Albin Simon Collin De Plancy (1794-1881), un autor que en su tiempo fue conocido en Francia por su talante polémico y anticatólico hizo de él una descripción singular:

Es un demonio muy destructor, lo mismo que Samael, según los rabinos. En el infierno es el supervisor de las casas de juego, según el decir de algunos demoniólogos, que escribieron con tanta seguridad como si hubiesen hecho el viaje al otro mundo. Allí siembra la disipación y el error. Los rabinos cuentan que un día expulsó del trono a Salomón, pero que este lo cargó inmediatamente de cadenas y lo obligó a ayudarlo a construir el templo de Jerusalén. Pablo Lucas dice que lo vio en uno de sus viajes a Egipto. Ironizó a sus espaldas sobre este propósito: en el *Diario de Egipto* se podía leer que la gente de esta tierra todavía adora a la serpiente Asmodeo, la cual tiene un templo en el desierto de Ryanneh. Añádase que esta serpiente se corta a pedazos, y al cabo de un momento ya no se ve nada.
Este Asmodeo es, según algunos, la antigua serpiente que sedujo a Eva. Los hebreos, que lo llaman Asmodai, lo convirtieron en el príncipe de los demonios, como puede verse en la paráfrasis de Caldea. Hay en el infierno, dice Wierus, un príncipe fuerte y poderoso que tiene tres cabezas. La primera se parece a la de un toro; la segunda, a la de un hombre; la tercera, a la de un carnero. Tiene cola de serpiente, pies de oca, aliento de fuego: aparece a caballo de un dragón, llevando un estandarte y una lanza. Sin embargo, en la jerarquía del infierno, depende del rey Amoymon. Regala anillos mágicos, enseña a los hombres a hacerse invisibles y les explica la geometría, la aritmética, la astronomía y las artes mecánicas. También conoce tesoros que se pueden hallar: setenta y dos legiones están a sus órdenes. También se llama Chamandai y Synodai. Le Sage ha convertido a Asmodeo en el héroe de una de sus más célebres novelas, nos referimos a *El Diablo Cojo*.

(*Diccionario infernal*, 1818)

Retrato de Urbano Grandier (siglo XVII)

Aquel miserable pactó con el diablo con la intención de lograr nuestra perdición y convertirnos en mujeres deshonestas.

Para conseguirlo mandó a los diablos al cuerpo de ocho hermanas para que fueran poseídas. El maleficio fue tal que, en menos de quince días, todas las monjas de la comunidad fueron atormentadas por el demonio, unas por obsesión, otras por posesión.

Nos precipitamos en un caos increíble y, si la bondad divina no nos hubiera auxiliado con una gracia particular, aquel hombre nos habría perdido a todas sin dificultad.

Más adelante, sor Jeanne des Anges afirmaba haber sido poseída «por seis diablos, guiados por Asmodeo. Este trabajaba en mí continuamente, tanto en la imaginación como en el espíritu, y me llenaba de pensamientos deshonestos. El pudor me impide describirlos».

Al final del exorcismo, la mujer fue marcada por el diablo: «Me quedó una marca en la frente en forma de cruz sangrante, que me duró tres semanas: era la señal que aquel demonio tenía orden de dar en el momento de su salida».

Brujas y ritos indígenas en Salem

El gobernador de Massachusetts ha aprobado recientemente una disposición que exculpa a las cinco mujeres acusadas de brujería que, a finales del siglo XVII, fueron ahorcadas en la localidad de Salem. Un soplo de justicia alrededor de una desgraciada historia que ha sido siempre objeto de discusión entre los historiadores y que ha inspirado a novelistas y cineastas.

Este caso pone de manifiesto el hecho de que la caza de brujas en el Nuevo Continente en realidad respondía a la tendencia de atribuir significados satánicos a los cultos locales, que tenían sus orígenes en las tradiciones religiosas de los pieles rojas, así como en los ritos de los esclavos negros provenientes de África y de las Antillas.

El inicio de la fobia se remonta a 1692, cuando en la ciudad puritana de Salem, no lejos de Boston, empezaron a registrarse fenómenos extraños que pronto fueron considerados obra de las brujas.

Nahum Keake fue una de las primeras ciudades colonizadas en Massachusetts, y en 1628 fue rebautizada con el nombre de Salem (Jerusalén), un nombre que quería ser testimonio de fe y esperanza, pero que paradójicamente estaba destinado a convertirse en el trágico emblema de las últimas fases de la historia de la brujería occidental.

El miedo a lo relacionado con las brujas surgió en los primeros meses de 1692, cuando Elizabeth Parris, de nueve años, y Abigail William, de once, hija y sobrina respectivamente del pastor Parris, fueron víctimas de trastornos, identificables entre histeria y posesión demoniaca, hasta el punto de convencer al médico local de diagnosticar los fenómenos como un claro efecto de brujería.

Al cabo de poco tiempo, otras niñas y mujeres fueron víctimas de las «convulsiones diabólicas», de modo que se convirtió en un caso colectivo, que cier-

tamente no carecía de una inquietante vertiente psicológica. Al lugar llegó el reverendo John Hale, un experto en materia de brujería, que consideró el caso de Salem como el resultado de:

> [...] la vana curiosidad de personas jóvenes que, queriendo conocer su futuro, habían manejado tanto los arneses del diablo que a través de ellas se abrió una puerta a Satanás [...]. Las personas acusadas *[que según Hale intentaron averiguar el oficio del futuro marido con la ayuda de la magia]* inculparon a la india Tituba, diciendo que las pellizcaba, las pinchaba y las torturaba con mil atrocidades; y que la veían aquí y allí, en lugares en donde nadie más lograba verla.

En un primer momento Tituba confesó haber realizado una serie de conjuros para saber si las niñas que primero presentaron signos de desequilibrio (Elizabeth y Abigail) estaban realmente endemoniadas, pero después —quizá debido a las presiones externas— confesó ser una bruja.

En el interrogatorio, Tituba (que, sin embargo, con su compañero John se pasó al bando de la acusación, colaborando con la justicia, sugiriendo procedimientos mágicos y proporcionando así argumentos muy valiosos para acusar a otras víctimas) admitió en varias ocasiones haber sido obligada a hacer el mal a las niñas por parte de algunas mujeres y de «un hombre alto de Boston». Ante su negativa, el diabólico grupo la amenazaba: «Atormenta tú a las niñas, o si no, lo haremos nosotros mucho peor».

La acusada india también se refirió a un «pájaro amarillo», quizás una reminiscencia de la figura del animal típico de la tradición chamánica de la América primitiva.

Y mientras en la ciudad las plegarias y los exorcismos intentaban ahuyentar el mal de las vidas de Salem, las dos niñas empezaron a dar nombres...

A partir de ese momento, el complejo juicio se convirtió en una sucesión de acontecimientos más o menos significativos, en los que la presencia de la razón a veces resulta muy difícil de apreciar. Una de las víctimas de la superstición y de la histeria colectiva fue el reverendo George Burroughs, que fue de-

---

SALEM COMO FUENTE DE INSPIRACIÓN LITERARIA:
***LAS BRUJAS DE SALEM* DE ARTHUR MILLER**

En 1953 el dramaturgo estadounidense Arthur Miller publicó el drama teatral *Las brujas de Salem*, inspirado en el caso de Salem. El autor realizó una modificación buscando la actualización del proceso realizado en el siglo XVII a fin de presentarlo como metáfora de una situación para él contemporánea. En la práctica, Salem se convirtió, para Miller, en un símbolo de la Guerra Fría que, en los años cincuenta, estableció una verdadera caza de brujas contra todos aquellos que eran considerados posibles *traidores a la patria*. Para el escritor americano, una cierta actitud persecutoria se había establecido en el comportamiento del hombre, en especial cuando disminuía la seguridad personal y colectiva.

nominado Rey del reino de Satanás. Con la captura de este personaje clave, en mayo de 1662, y de Martha Carrier (Reina del Infierno), los cazadores de brujas de Salem bajaron un poco la guardia, con el convencimiento de que habían encontrado el núcleo de la madeja y que, por tanto, se habían trazado las grandes líneas para la purificación de la ciudad.

Analizando el caso en toda su globalidad, no se puede estar en desacuerdo con la opinión de Itala Vivian, que ha llevado a cabo un estudio profundo del tema:

> El episodio desempeña la función de un desahogo ante las contradicciones internas de aquel mundo y de sus instituciones, pero no fue ajeno, en los modos y en las sugestiones, al problema existente en la relación con la civilización indígena. Las afirmaciones de las niñas no hubieran existido sin la tensa atmósfera puritana, pero tampoco sin los espantajos de presencias mágicas cristianas [...] impregnadas del miedo y de la tensión surgidas del conflicto entre contacto y separación con la civilización indígena y sus formas, y sobre todo su cosmología.
>
> (VIVAN, I., *Caccia alle streghe nell'America puritana*, Milán, 1972)

Son significativos los casos de dos esclavas negras, Nay Black y Candy.

La primera fue arrestada el 22 de abril de 1692 y negó cualquier práctica, pero sus jóvenes acusadoras pudieron demostrar que cada vez que la mujer se fijaba el pañuelo en el cuello con una aguja, ellas se sentían traspasadas hasta llegar a sangrar...

La segunda, procesada el 5 de julio de 1692, a la pregunta: «¿Eres una bruja?», respondió: «Candy no ser bruja en su país».

Con esta ingenua declaración, según los rebuscados procedimientos interpretativos de los jueces, no negaba ser una bruja, sino que simplemente admitía que aquello que para los cristianos era mal y pecado, para su cultura representaba un hecho normal.

Sin embargo, Candy dijo que había aprendido el arte de la magia en Salem, de su dueña blanca. Al parecer, manipulando un extraño pañuelo anudado, un trozo de queso y un pedazo de hierba era capaz de causar sufrimientos terribles a las jovencitas que allí mismo, en el tribunal, a la vista de todo aquel instrumental, fueron presa de violentas convulsiones.

Es posible que detrás de la gran persecución que padecieron las brujas americanas hubiera una fuerte voluntad de reprimir la vitalidad de culturas consideradas un peligro para la comunidad cristiana.

Además, en los sucesos de Salem se podrían encontrar indicios de los llamados *ritos de rebelión* que llevaban a cabo las minorías étnicas, que intentaban recuperar el contacto con las raíces culturales propias.

Los procesos de Bamberg

Hubo casos en los que las acciones jurídicas contra brujas y brujos culminaron en procesos y sentencias que hoy en día nos parecen la expresión de

una violencia injustificada contra personas indefensas, acusadas de crímenes absurdos.

Un claro ejemplo lo encontramos en el proceso de Bamberg, en Alemania, donde, entre los años 1623 y 1624, el príncipe obispo Dornheim llevó a cabo una verdadera cruzada contras las presuntas amantes de Satanás.

El centro de control y represión fue la cárcel especial llamada *Hexenhaus* (Casa de las brujas), donde las acusadas padecían torturas de una crueldad extrema que les hacían confesar cualquier tipo de crimen. Si alguien intercedía en favor de las acusadas, corría el peligro de ser acusado de colaborador y juzgado. El médico del lugar, que había expresado su opinión contraria a lo que ocurría en Hexenhaus, fue encarcelado y torturado hasta que confesó haber participado en el aquelarre con otros cinco prohombres de la ciudad. Este hecho, quizá por las profesiones de los acusados, suscitó polémicas y provocó la intervención del emperador, que obligó al príncipe obispo a cesar sus persecuciones, salvando así la vida de muchos inocentes.

Los excesos de Arras

Los excesos a veces partían de la valoración de hechos naturales que, en opinión de los inquisidores o de otros cazadores de brujas, podían tener sus orígenes en el poder del demonio.

En Arras, por ejemplo, en el año 1459, la caza de brujas se desencadenó por unos hechos aparentemente banales: un ermitaño que se encontraba de paso fue acusado de brujería (¿era quizás el representante de un grupo de herejes valdenses?) y quemado en la hoguera. Antes de morir, el eremita confesó bajo tortura que tenía colaboradores en Arras: una prostituta y un poeta. Como es fácil imaginar, los dos fueron rápidamente identificados. Estos, sometidos a tortura, se declararon brujos y naturalmente dieron los nombres de otros cómplices. Muchas personas acabaron en la hoguera.

Al mando de la persecución estaba el inquisidor de Arras, ayudado por dos «consejeros», dos curas dominicos, Jean de Arras y Jacques du Boys, quienes sostenían que un tercio de la población europea estaba formado por brujas. Como es de suponer, las acusaciones eran muy poco precisas y las condenas se sucedían casi a diario. El duque de Borgoña intervino para detener la masacre, ordenando que en los interrogatorios debía estar presente un delegado suyo. A partir de entonces, el número de condenas se redujo drásticamente.

Los abusos en España

Un rasgo del caso español es que era la autoridad laica quien procedía con mano dura contra las brujas. Esto es precisamente lo que ocurrió en Pamplona donde, a consecuencia de las acusaciones de dos adolescentes, el juez envió un centenar de soldados en una especie de cruzada contra las brujas. El resultado

fue que en pocos días fueron arrestadas y condenadas más de cien seguidoras de Satanás.

El punto culminante tuvo lugar en Logroño. En el año 1610, unas dos mil personas, la mitad de las cuales eran niños, fueron acusadas de practicar el culto al diablo y de haberle entregado sus almas.

Pero si por un lado el juez laico estaba convencido de la existencia de un «ejército de Satanás» de tanta envergadura, no pensaba igual el inquisidor Salazar y Frías, que quiso revisar todas las declaraciones efectuadas por niños para destacar la gran cantidad de incongruencias registradas. Además, ordenó elaborar los «ungüentos de las brujas» con los ingredientes que se creía que utilizaban las acusadas y lo aplicó a varias personas. Sin embargo, ninguna de ellas sufrió ningún efecto (metamorfosis o vuelo) como sostenían los acusadores.

El caso de los *benandantes*

Uno de los casos que demuestran con mayor claridad que a menudo ciertas prácticas de la tradición popular se consideraban obras de brujería lo encontramos en los procesos contra los *benandantes* de la región de Friuli (Italia), que fueron estudiados en profundidad por Carlo Ginzburg.

En estos episodios, transcurridos entre los siglos XVI y XVII, los acusados resultaron ser brujas o brujos como consecuencia de una acción de transformación por parte de los jueces, que no supieron entender las diferencias entre lo que subsistía de la antigua tradición precristiana y el presunto culto al diablo.

Los primeros testimonios

Los *benandantes* (literalmente «nacidos con la camisa» en italiano, es decir, envueltos con la membrana amniótica), de quienes se decía que «caminaban de noche», aparecen citados por vez primera en un documento de 1575.

El 21 de marzo de aquel año, en Cividale del Friuli (Italia), el vicario general, monseñor Jacobo Maracco, y el inquisidor de la diócesis de Aquileia, fray Julio de Asís, recogieron el testimonio de Bartolomeo Sgabarizza, párroco de un pueblo cercano. El cura les explicó el caso de unas personas que «son buenas, se llaman *benandantes*, que impiden el mal». El cura, cuando describió el caso de un tal Gasparutto, un *benandante* que afirmaba «vagar de noche con brujas y duendes» y participar en batallas rituales, no era consciente de que con aquella declaración había puesto en marcha un fenómeno imparable. Sin embargo, en aquella actividad no había ninguna complicidad con los adeptos de Satanás reunidos en el aquelarre. Es más, según la tradición, los *benandantes* se enfrentaban a las brujas para contrarrestar sus influjos negativos.

Gasparutto contó lo siguiente:

> El día propicio para el encuentro era el jueves de las cuatro témporas en una localidad cercana donde peleaban, jugaban, saltaban y cabalgaban varios animales

y hacían muchas más cosas; y las mujeres pegaban con cañas de sorgo a los hombres que estaban con ellas, que no llevaban en la mano más que un manojo de hinojo.

Las témporas son los días de ayuno prescritos por el calendario eclesiástico: témpora de primavera (primera semana de Cuaresma), témpora de verano (octava semana de Pentecostés), témpora de otoño (tercera semana de septiembre) y témpora de invierno (tercera semana de Adviento). La referencia a estas fechas concretas del año pone de manifiesto el vínculo de los *benandantes* con una ritualidad en la que se fundían elementos del calendario religioso y aspectos característicos de la tradición agrícola. El estudio sobre este misterioso grupo sacó a la luz muchas creencias relacionadas con los *benandantes*. La falta de elementos demoniacos conllevó la suspensión de las pesquisas por parte de los jueces. Sin embargo, fue una pausa momentánea, puesto que la investigación se reanudó con más fuerza cinco años después.

Cómo transcurrió el caso

En junio de 1580, Battista Moduco di Cividale, otro *benandante* que estaba siendo investigado, declaró:

> Soy *benandante* porque voy con los demás a luchar cuatro veces al año, durante la noche de las cuatro témporas, invisiblemente, con el espíritu, y el cuerpo se queda; pero nosotros vamos con el favor de Cristo contra los brujos del diablo, luchando, nosotros con manojos de hinojo y ellos con cañas de sorgo [...]. Y si vencemos, aquel año hay abundancia, y si perdemos, hay carestía.

De las palabras del procesado se deduce que los ritos de los *benandantes* tenían el objetivo de favorecer el éxito de los cultivos. El resultado de la batalla indicaría si en el horizonte de aquel mundo campesino se proyectaría el espectro de la carestía o la luz de la abundancia.

El caso nos orienta al tema de los encuentros estacionales, todavía vivos en el folclore, y que ahonda sus raíces en la lucha eterna entre el bien y el mal, acorde con los aspectos simbólicos de la cultura campesina.

A través de las declaraciones de Moduco podemos saber que se entraba a formar parte de la «compañía» a los veinte años y era indispensable haber «nacido vestido». Cuando llegaba el momento se recibía la llamada de «un hombre como nosotros pero que está por encima y repica con el tambor y llama [...]; somos una gran multitud, a veces más de cinco mil [...]; algunos se conocen porque son del pueblo, otros no».

Es interesante observar que el inquisidor intentó forzar al interrogado por medio de una serie de preguntas para que reconociera que en la esencia de la llamada de los prosélitos había una presencia demoniaca. Pero el imputado, pese a admitir que no conocía la identidad del personaje, afirmó que estaba convencido de que aquel hombre no era un enviado de Satanás. Creía, por el

contrario, que era más lógico pensar en una figura «enviada por Dios, porque nosotros combatimos por la fe de Cristo».

Moduco no sólo negó todas las acusaciones, sino que destacó la diferencia entre los *benandantes*, que luchaban bajo «una bandera de armiño blanco, dorada, con un león», y los brujos, cuya bandera era «de armiño rojo, con cuatro diablos negros, no dorada».

Gasparutto hizo una confesión similar. Sin embargo, al cabo de unos años de cárcel, añadió un elemento nuevo, determinante para la acusación que se estaba tejiendo en torno a los *benandantes*. En efecto, Gasparutto observó que —al igual que sus compañeros— antes de acudir a los encuentros experimentaba una especie de catalepsia y, a continuación, «en presencia de espíritu», llegaba al lugar de la batalla, separándose del cuerpo...

La esposa de Gasparutto fue interrogada el 1 de octubre de 1580 y declaró ignorar que su marido fuese un *benandante*. No obstante, recordó que una noche se había despertado por culpa de una pesadilla e intentó despertar a su marido, pero «aunque lo llamé por lo menos diez veces, no fui capaz de despertarlo».

Es un testimonio inquietante, que presenta ciertos parecidos a los de otros familiares de acusados de brujería, que explicaban que estos acudían a ritos satánicos «en presencia de espíritu» mientras el cuerpo estaba en su casa.

Otro elemento de interés, que tuvo consecuencias negativas y empeoró la posición de Gasparutto, fue la referencia del interrogado a un ángel de oro que, después de haberlo invitado a unirse a la compañía de los *benandantes*, habría asistido él también a sus rituales. «De noche, en casa, quizás a eso de las cuatro, en el primer sueño, se me apareció un ángel todo de oro, como los ángeles de los altares, que me llamó por mi nombre y me dijo: "Paolo, te mandaré a un *benandante*" [...]. Yo le respondí: "Iré, porque soy un fiel obediente"».

La atribución de connotaciones diabólicas y la conclusión del proceso

Esta declaración fue para el inquisidor una prueba del carácter diabólico de los encuentros de los *benandantes* y de la conexión de sus ritos y el aquelarre. Los acusadores intentaron conducir la instrucción del proceso en la dirección que más les convenía alterando las afirmaciones de Gasparutto. En realidad, lo que hicieron fue adaptar las respuestas facilitadas por el imputado al modelo del aquelarre.

Esto resultó evidente cuando el inquisidor intentó rodear a la figura del ángel con atribuciones demoniacas:

—Cuando se aparece, ¿le asusta este ángel?
—No me asusta nunca, me da la bendición.
—Este ángel ¿no se hace adorar?
—Le adoramos, sí, como adoramos a Nuestro Señor Jesucristo en la iglesia.
—¿Este ángel le lleva donde está aquel otro con aquella bonita silla?

Gaparutto, sin embargo, en su declaración no había hecho ninguna referencia al diablo o a sillas.

Según todo esto, es bastante clara la intención de criminalizarlo por parte de la acusación. El interrogado intentó defenderse: «Pero no es de nuestra especie, Dios nos libre de aliarnos con aquel falso enemigo [...]. Son los brujos los que tienen aquellas bonitas sillas».

El inquisidor prosiguió el acoso: «¿Ha visto en alguna ocasión a los brujos en aquellas bonitas sillas?».

Gasparutto, desorientado por el cariz que estaba tomando el interrogatorio, se justificó: «No señor. Lo único que hacemos nosotros es luchar [...]. No he visto aquellas sillas [...]. Nuestro buen ángel es bonito y blanco, el suyo es negro porque es el diablo».

El juicio concluyó con la condena de los imputados: a los dos *benandantes* que insistieron en declararse defensores de la fe y combatientes contra los brujos, se les castigó con seis meses de cárcel y se les obligó a abjurar de sus errores porque se consideraron herejías.

Los *benandantes* procesados, aunque en última instancia se dictaminó que actuaban con magia y por lo tanto se los consideró disidentes religiosos, eran conscientes de participar en un determinado rito agrario de la fertilidad que, a pesar de que se proclamaba «por la fe de Cristo», tenía raíces precristianas.

Luchaban armados con hinojo, planta que se conocía no sólo por sus cualidades terapéuticas, sino también por sus efectos protectores contra el maleficio de brujas y brujos.

En cambio, los seguidores de Satanás estaban armados con sorgo, que, por tratarse de una variedad de la zahína, se podría relacionar con el mito de la escoba de las brujas...

En los juicios posteriores la posición de los *benandantes* fue empeorando progresivamente.

A partir de 1600, los temas relacionados con los cultos de la fertilidad quedaron en segundo plano en los interrogatorios y, en cambio, cada vez ganó más terreno la indagación acerca del papel de los *benandantes* en la curación de las víctimas de la brujería, hecho que acabó llevando a estos «viajeros nocturnos» al lado de los seguidores de Satanás.

En el año 1634, algunos *benandantes* interrogados afirmaron incluso haber asistido a un aquelarre, donde presenciaron, aunque sin participar, las más horrendas y transgresoras prácticas demoniacas.

Poco tiempo después se recogieron testimonios de *benandantes* que admitían haber hecho un pacto con el diablo y cometido todo tipo de perversidades en nombre de Satanás.

El caso aquí analizado de los *benandantes* de Friuli es un claro ejemplo de cómo lo que en un principio no era más que un ritual folclórico se transformó, según una interpretación totalmente apartada de lo que era la realidad de los hechos, en culto al diablo y, en práctica demoniaca, totalmente desprovisto ya de su simbolismo primitivo, que estaba fuertemente arraigado en el tejido de la cultura popular.

Algunos casos entre la crónica y la leyenda

Hay muchos otros procesos por brujería que tuvieron lugar en unas circunstancias tan particulares que, debido al fuerte eco que ocasionaron en la opinión pública, se convirtieron en leyendas.

La bruja Monvoisin

Brujería y antropofagia en Galloway

Un caso singular de brujas y brujos antropófagos se remonta al año 1435, en Galloway (Escocia). Allí vivía, en una gruta, un clan formado por una pareja inicial que tuvo catorce hijos. Uniéndose entre ellos, acabaron formando un grupo de treinta y dos personas. Cuando sorprendían a un caminante solitario, lo raptaban y se lo comían. Cuando fueron capturados, después de numerosos homicidios, las mujeres fueron quemadas como brujas, mientras que los hombres fueron condenados a morir desangrados después de haber sufrido la amputación de las extremidades.

La bruja de Wellfleet

En el folclore de Nueva Inglaterra es muy conocida la bruja de Wellfleet, que vivió en el siglo XVII. Se llamaba Goody Hallett y se la reconocía porque siempre llevaba zapatos rojos. A los quince años fue violada por el pirata Samuel Bellamy. Entonces, la chica hizo un pacto con el diablo para vengarse del

deshonor. El barco de Bellamy fue hundido por Satanás en persona y el pirata pereció en medio de las olas. Desde aquel momento, todos los naufragios se relacionaron con la bruja de Wellfleet. De hecho, cuando el mar está agitado, los marineros de Nueva Inglaterra suelen decir: «Debe de ser la pobre Goody, que baila con las almas de los muertos».

Catherine Monvoisin, la envenenadora

Catherine Monvoisin era la consejera secreta de Madame de Montespan, amante de Luis XIV. Fue una mujer muy temida porque, según la *vox populi*, era hechicera y sabía elaborar filtros y venenos. Los acusadores sostenían que Monvoisin proporcionó a Madame de Montespan unos filtros de amor que utilizó para retener a sus amantes. Además, la bruja fue acusada también de celebrar misas negras en las que participaban numerosas personas, muchas de ellas pertenecientes a la nobleza y a la burguesía. La maquinaria judicial se movió rápidamente, y el resultado fue el encarcelamiento de más de doscientos acusados. Más de la mitad fueron condenados, algunos incluso a la pena de muerte. Monvoisin fue obligada a retirarse al campo.

El Zorro: entre Inquisición y masonería

La historia del Zorro nace oficialmente a finales del siglo XIX, con el primer capítulo de *The Curse of Capistrano*, aparecido en la revista *All-Story Weekly*. Después aparecerán la película y la serie de televisión, en una secuencia ininterrumpida que no da muestras de poner punto final.

El inventor del personaje fue Johnston McCulley, a partir de los escritos del general Vincente Riva Placido, un enfervorizado lector de Dumas. En su libro *Memorias de un impostor*, de 1827, el oficial había recuperado, añadiendo mucho contenido de su fantasía, la historia de un tal William Lamport, cuyas aventuras tuvieron lugar a mediados del siglo XVII.

William Lamport, alias *Guillén Lombardo de Guzmán* era un hombre con una gran cultura, pero exuberante y libre de prejuicios, que después de haber pasado muchos años en los campos de batalla, y también seduciendo a las damas de la nobleza de Europa, se estableció en México. En el Nuevo Mundo no tuvo la suerte muy a su favor. En 1642 fue arrestado por orden de la Inquisición, acusado de haber organizado, con la ayuda de la magia negra y la brujería, una especie de golpe de Estado.

De hecho, la realidad era muy distinta. Lombardo había organizado una «cruzada» para liberar a los indios y a los esclavos negros. En la cárcel se dedicó probablemente a la astrología y a la magia, y logró escapar (hay quien dice que con la ayuda del diablo; otros, más realistas, gracias a la intervención de sus compañeros de aventuras).

Una vez libre, no se refugió en tierras lejanas, sino que permaneció en México, donde se empleó a fondo en una campaña para desacreditar al Tribunal

de la Inquisición. La afrenta le costó la pena de muerte, pero antes de subir al patíbulo tuvo tiempo de escribir páginas y páginas de memorias que llegaron a manos del fantasioso general Riva Placido, que las adaptó para su libro.

Pero, ¿de qué manera McCulley conoció la realidad histórica de Lombardo, separándola de las fantasías noveladas por Riva Placido? Troncarelli no tiene dudas: a través de la masonería, una sociedad a la que en épocas distintas ambos escritores habían pertenecido. Sin embargo, todavía hay algo más que da consistencia a este singular anillo de conjunción: la mítica Z del Zorro. En efecto, mientras la leyenda cuenta que Lombardo se escapó de la cárcel «adaptándose a la ventana», que tenía la forma de la última letra del alfabeto, McCulley sostiene que: «Para los masones, la Z, abreviación de la forma semítica *Ziza* (resplandeciente) es el símbolo de la energía vital». El resultado es un personaje políticamente correcto, que recupera el género de capa y espada.

La bruja de Blair: un fenómeno mediático

Un caso *sui generis* en la historia de la brujería del Nuevo Mundo proviene de Burkittsville, una pequeña ciudad americana fundada en las proximidades de un pueblo maldito llamado Blair.

Se cuenta que en aquel lugar, en el siglo XVIII vivía una pérfida bruja, cuya fama se proyectó incluso fuera del continente, debido al éxito de la película *The Blair Witch Project*. En este apartado no analizaremos la cuestión de la presunta desaparición de tres jóvenes que tuvo lugar en 1994 en los bosques de Burkittsville —que prácticamente constituye la trama de la mencionada película—, pero sí nos detendremos en algunos hechos más remotos que pueden considerarse el punto de partida de la historia.

Los orígenes del caso

En 1734, a unas cuarenta millas de Baltimor, nació la pequeña comunidad rural de Blair, formada por unas ochenta casas habitadas mayoritariamente por protestantes. En 1769 el nombre de Elly Kedward, conocida como *la bruja de Blair*, aparece por primera vez en la lista de pasajeros embarcados en el Seafarer, que zarpó de Irlanda con rumbo a Baltimore.

En 1785 toda la población de Blair acusó a Kedward de brujería, por haber raptado a unos niños para beber su sangre. Una noche gélida, Elly fue llevada al bosque, atada a un árbol y abandonada a la furia de los elementos. En el mes de noviembre del año siguiente, todos los niños que habían dicho ser víctimas de los macabros rituales de Elly Kedward desaparecieron sin dejar rastro.

En 1809 se publicó *The Blair Witch Cult*, un libro anónimo en el que se narraba la historia de una ciudad víctima de la maldición de una bruja escondida en el bosque. En 1824, en las obras del tramo ferroviario entre Washington

y Baltimore, unos obreros encontraron los restos de una ciudad inmensa dentro del bosque: es la trágica Blair. Henry Burkitt compró toda la parcela y fundó Burkittsville. Un año después, una niña de ocho años, Eileen Treacle, se ahogó en el arroyo que atravesaba el bosque. Numerosos testimonios declararon haber visto un brazo humano emergiendo del agua y llevándose a la niña al fondo.

En 1886 la pequeña Robin Weaver desaparece de Burkittsville durante tres días. Cuando la encuentran, la niña explica que fue raptada por una señora cuyos pies no tocaban nunca al suelo y que la llevó a una casa en el bosque. Entre tanto, siete hombres que habían salido a buscar a la pequeña fueron hallados muertos, con los cuerpos horriblemente mutilados.

Aquí termina la primera parte, la más extensa del caso de la bruja de Blair, identificada como Elly Kedward.

Sea como fuere, el caso es problemático porque es similar a muchos otros, en los que la mujer marginada (era católica en un país de protestantes) se convirtió en chivo expiatorio para una comunidad probablemente atormentada por un profundo malestar social que exigía la identificación de un culpable.

El regreso de la bruja

Transcurrieron más de sesenta años antes de que los hechos relacionados con la bruja de Blair volvieran a la actualidad. El 13 de noviembre de 1940, con la desaparición de la pequeña Emily Holland de Burkittsville, volvió a aflorar el tema de la bruja. A partir de esa fecha desaparecieron más niños en seis meses. Un año más tarde, un vagabundo que vivía en el bosque, Rustin Parr, se confesó autor del homicidio de siete niños.

En los pocos fragmentos que se conservan de los interrogatorios de Rustin Parr se evidencia el peso que ejerce el mito de la bruja de Blair:

—Señor Parr, ¿por qué siete niños?
—Es lo que me dijeron las voces.
—¿Voces de quién?
—De una vieja.
—¿Era la bruja de Blair, señor Parr?
—No lo sé.
[...]
—¿Eran sólo voces, señor Parr? ¿Vio alguna vez a alguien?
—Era un espíritu. No le vi nunca el rostro.
[...]
—Señor Parr, ¿qué significan los escritos que hay en las paredes de su casa?
—No lo sé.
—¿Los ha hecho usted?
—No.
—Pues ¿quién los ha hecho?
—Ella. La bruja de Blair...

RITOS Y MANIFESTACIONES DE LA BRUJERÍA

LOS RITOS DEL AQUELARRE

El aquelarre, el misterioso ritual de las brujas, alcanzó su máxima consolidación en el imaginario popular entre los siglos XIV y XV, absorbiendo expresiones culturales y religiosas muy diversas, y llegando a constituir uno de los fenómenos más emblemáticos de la brujería. Generalmente, en los testimonios sobre el aquelarre aparece la imagen recurrente de brujas y brujos; de distintas maneras, a menudo sobrenaturales (el vuelo) llegan al lugar del encuentro con los demonios. Lejos de ser considerado un mero sueño engañoso inspirado por el diablo, el aquelarre se transformó en una realidad: las brujas acudían físicamente por medio del vuelo y honraban a Satanás, con quien se unían carnalmente.

No hay que olvidar que en la formación de la estructura del aquelarre no fueron ajenas las influencias de creencias populares, supersticiones, tradiciones y antiguas formas religiosas (por ejemplo las Bacanales), interpretadas por los inquisidores como expresiones del culto al diablo.

Un rito complejo y misterioso

El término *aquelarre* al parecer está compuesto de los términos vascuences aker «macho cabrío» y *larre* «pastura, prado» y es concebido como un tipo de misa negra o *Sabbat* donde está presente el sacrificio de una cabra. A su vez, el vínculo del término *Sabbat* con la tradición hebrea puede constatarse en otro nombre que se aplicaba a los aquelarres de las brujas y a las reuniones de los herejes: *sinagoga de Satanás* (*synagogé*, en griego significa «lugar de encuentro»).

Otras denominaciones de aquelarre que encontramos con más frecuencia son: *sagarum synagoga* o *strigiarum conventum*.

En algunos documentos, el aquelarre se denomina con un término bastante original: *barrilete*. En los sermones de San Bernardo, se refiere a brujas y brujos con la expresión *los del barrilete*, porque el barrilete habría desempeñado una función práctica muy específica en el ámbito del rito:

> Se llaman *los del barrilete*. Y este nombre es así porque en una época determinada del año cogen a un muchachito, y tanto se lo pasan de mano en mano que se muere. Una vez muerto, lo reducen a polvo y lo introducen en un barrilete, y luego dan de beber a todo el mundo de este barrilete; y esto lo hacen porque dicen que lue-

El aquelarre era la máxima expresión de los cultos consagrados a Satanás, en los que a menudo las brujas y los demonios bailaban desenfrenadamente (siglo XVII)

go no pueden manifestar cosa alguna de lo que hacen. Nosotros tenemos un cura en nuestra Orden que había sido uno de ellos y me lo ha explicado todo, que tienen los modos más deshonestos que creo que se pueden tener.

El aquelarre, pese a los cambios etimológicos, pasando de sinagoga a barrilete, de hecho no cambiaba su estructura ritual, considerada una especie de apoteosis del mal en la que se producía el encuentro entre brujas y demonios para celebrar ceremonias dedicadas al pecado y a la transgresión.

Partiendo de numerosos testimonios de los siglos XV y XVI, podemos considerar el aquelarre como la expresión ritual más compleja del universo de la brujería: una ceremonia extraña e inquietante que contenía componentes heterogéneos reconducibles a las expresiones multiformes (a menudo distorsionadas por los intérpretes) del culto pagano: orgías, banquetes, danzas desenfrenadas, culto a las divinidades del infierno, etc. En el ritual del aquelarre se pueden identificar varios orígenes: actividad subversiva y ritual consistente en la infracción de normas religiosas o sociales; práctica de cultos precristianos que los inquisidores interpretaron como culto al diablo; psicosis colectiva, que se puede encontrar no sólo en los planteamientos efectuados por los acusadores, sino también en las respuestas de los acusados.

Una de las descripciones más antiguas del aquelarre nos llega a través de la bula *Vox in Rama* de Gregorio IX (13 de junio de 1233), en la que se ponen en evidencia algunos aspectos típicos de la reunión diabólica, documentados más extensamente en las descripciones aparecidas entre los siglos XIV y XVII:

> Luego se sientan todos para el banquete y cuando se levantan, una vez terminado, de una especie de estatua que normalmente se erige en el lugar donde se celebran estas reuniones, sale un gato negro, grande como un perro de talla mediana, que avanza caminando de espaldas y con la cola erguida.
>
> El nuevo adepto, siempre el primero, le besa las partes posteriores, y luego hacen lo mismo el maestro y todos los demás, cada uno esperando su turno, aunque solamente lo hacen quienes lo han merecido. A los otros, es decir, a aquellos que no son dignos de tal honor, el maestro de ceremonias les desea la paz. Cuando vuelven a sus lugares permanecen unos instantes en silencio, con la mirada dirigida al gato. Después el maestro dice: «Perdónanos». Lo mismo repite el siguiente, y el tercero añade: «Lo sabemos, señor». El cuarto concluye: «Debemos obedecer».

LA MONTAÑA DE VENUS: EL REENCUENTRO DE LAS BRUJAS EN EL PASO DE TONALE

A partir de numerosas fuentes de información sobre la brujería, normalmente actas procesales, denuncias y documentos sinodales, sabemos que las brujas lombardas solían encontrarse en el paso de Tonale, también llamado Montaña de Venus. ¿Qué otro nombre podría destacar mejor la singularidad de un lugar de brujas que el referido a una divinidad femenina pagana?

> Creo que no está fuera de lugar decir que en el paso que va desde el valle Sabbia al valle Camonica, por el lado de la montaña que lleva por nombre Croce Domini, hay una montaña llamada Gauri, que está a la derecha saliendo de Bagolino, el último pueblo del valle Sabina. En aquel lugar, hasta el día de hoy, se dice que allí se encuentran las brujas y que está habitada por espíritus malignos.
>
> (GAMBARA, G., «Geste de Besciani durante la Lega di Cambrai», *Brescia*, 1821, pág. 67)

Nos parece interesante añadir que en un documento de 1620, el *Croce Domini* aparece con el nombre de Mons Cros Demonia. El paso de Tonale, situado entre Valcamonica y Val di Sole, antiguamente estaba considerado «reino de Plutón, donde brujas y nigromantes celebran sus reuniones con la participación de los diablos». Así lo afirmaba el padre Gregorio Brunelli, que de paso recordaba que las brujas y los brujos acudían montados en cabras, caballos e incluso gatos, o cualquier otra especie de animal encantado. A veces eran muchos. Nuestro cronista habla de cerca de dos mil seguidores de Satanás, que llegaban desde Valtellina, Val Seriana y Val Trompia. Un acusado de brujería afirmó que en ciertas ocasiones se habían contado hasta cuatro mil personas bailando alrededor de la hoguera.

LA NOCHE MÁGICA DE VALPURGIS

Según una tradición bastante extendida, en las cercanías del monte Brocken, en Harz, se encontrarían las raíces históricas que se remontan a la Walpurgisnacht, la mítica noche de Valpurgis. Cuenta la leyenda que todos los años, en las laderas de aquel monte se celebra un gran aquelarre en el que participan brujas de todos los lugares. Paradójicamente, la fiesta tiene sus orígenes en la figura de una santa, Walpurgis (710-779), de origen anglosajón, que llegó a Alemania para llevar a cabo el encargo de la abadesa del monasterio de Heidenheim, donde trabajó hasta su muerte. Un siglo después, las reliquias de la santa empezaron a producir un aceite especial que poseía virtudes milagrosas, y se utilizaba para curar enfermedades de los ojos y ayudar en los partos. Parece que era idóneo contra el poder nefasto de las brujas. Pero, en definitiva, según las creencias más difundidas, durante la noche del treinta de abril al primero de mayo, las amantes de Satanás se encontraban para celebrar rituales extraños que los inquisidores denominaron aquelarre, pero que en realidad presentaban características muy similares a los cultos primaverales.

Los lugares predilectos de Satanás

En la mayor parte de los casos, el aquelarre casi siempre se celebraba por la noche, lejos de los lugares habitados y preferiblemente en el bosque. Los lugares famosos donde tenían lugar estos encuentros, que han permanecido vivos en la tradición popular, son el nogal de Benevento y Tonale, en Italia; Brocken, en Alemania; Carnac, en Francia y Zugarramurdi (Navarra) y As Guixas (Aragón), en España.

Sin duda alguna, el aspecto del lugar era una condición importante para dar cuerpo a las creencias. En una crónica del siglo XVI hallamos una descripción referente a Valcamonica: «Lugar más montañoso que llano, lugar más estéril que fructuoso, habitado por los herederos de Medeas». Sin duda, esta descripción estuvo fuertemente influenciada por los hechos ocurridos en aquel lugar en el año 1518, y que desembocaron en la condena de un cierto número de brujas. En la *Strix* de Pico della Mirandola, el lugar donde presuntamente se celebraba el aquelarre era a orillas del río Jordán, al cual se llegaba volando con una escoba o a lomos de un animal. Otros lugares eran Esclavonia, en Tracia; el mar Jónico, el Egeo, el Peloponeso, las Cícladas, Rodas y Chipre. Sin embargo, el punto de encuentro principal de las brujas de todos los países fue el nogal de Benevento. A continuación intentaremos entender los motivos. Durante la ocupación longobarda de Italia, el ducado de Benevento fue asediado por el ejército bizantino del emperador Constante (667). En aquel periodo, un sacerdote llamado Barbato predicaba entre el pueblo asediado y acusaba públicamente a los ciudadanos de superstición, refiriéndose concretamente al misterioso culto a una serpiente de bronce, colocada en un nogal situado a unas dos millas de la ciudad. El duque Romualdo hizo el voto de erradicar aquella tradición pagana, pidiendo el cese del pesado asedio de su ciudad. Procesiones, plegarias, visiones de la Virgen y de Jesucristo confirmaron la adhesión divina a un voto que había involucrado a toda la colectividad. La derrota del ejército imperial, gracias a la intervención del rey Grimoaldo que se había desplazado desde Lombardía con sus soldados, devolvió la libertad a Benevento. Entonces, el duque se desdijo del voto hecho a San Barbato, que entretanto se había convertido en el obispo de la ciudad. Sin embargo, según la tradición, el duque Romualdo construyó un ídolo similar, al cual ofrecía sacrificios y veneraba con fe pagana. Pietro Piperno, autor de la *Historia del famoso nogal de Benevento* (1640), relataba los hechos así:

> No cesó el duque Romualdo en la adoración de la serpiente, y se ha construido en secreto un simulacro de oro del llamado Amfisibena, que igualmente tiene dos cabezas y es conforme a las armas de los Señores Bilotti, también nobles benevetenses, que todavía en aquel mismo tiempo lo arbolaron, le profesaba una suma veneración, le ofrecía sacrificios, lo cual disgustaba en gran medida a su mujer Teodorinda. Esta avisó a San Barbato, quien rogó a la duquesa que le entregara aquel simulacro, y replicándole ella que el duque habría sentido un gran disgusto si se hubiese mostrado

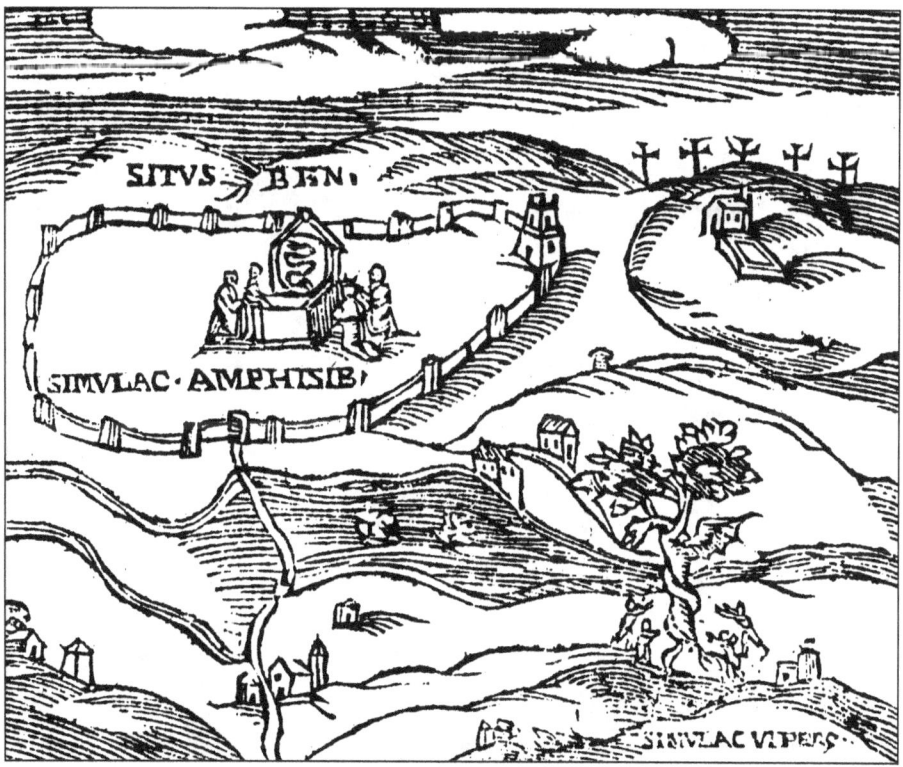

Mapa del siglo XVII en el que se representa el área del nogal de Benevento

desdén en su contra, el santo hombre le aseguró que ello no le procuraría disgusto alguno, de modo que ella le mandó el ídolo mientras el duque había salido de caza; el santo esperó la ocasión para retraerle con palabras eficaces la ingratitud que usaba con su divina Majestad, mientras, incluso después de haber recibido tantas gracias, perseveraba en un tan abominable pecado; a lo que el duque, sintiéndose gravemente turbado, le preguntó cómo lo sabía, y diciéndole el santo obispo que la devota Teodorinda, su mujer, para hacer que él enmendara un tan grave error no se lo había explicado, sino que le había entregado el simulacro, a lo cual el duque confundido no sabía qué decir y habiendo este razonamiento entendido uno de sus sirvientes, una persona muy próxima, se le acercó diciéndole que si su mujer hubiese tenido tanta osadía, la habría matado; por estas palabras el santo maldijo a aquel caballero y de pronto le metió un demonio en el cuerpo y en aquella miseria continuaron sus descendientes, con el fin de que, conociéndose el suceso en la ciudad, fuera causa de que no solamente el duque, sino todo el pueblo se arrepintiera de tal error y el santo obispo de aquel simulacro de la serpiente de oro hizo un bellísimo cáliz que se conserva en el Arzobispado de Benevento con suma veneración.

Hasta aquí la leyenda. Pero con el final físico del nogal de Benevento no se extinguió su aura negativa, que lo relacionaba directamente con la magia negra y el culto al demonio.

El diablo era la figura central del aquelarre a quien las brujas y los brujos reconocían una gran autoridad (siglo XVII)

Piperno nos ofrece la confirmación: «En este lugar se han cometido tantas y tantas perversidades...; es como un nido de brujos y hechiceras, que suelen juntarse aquí [...]. Y no sólo se juntan en este supersticioso lugar, sino que las más famosas del mundo se trasladan a vivir a estos parajes».

El pacto con el diablo

Las mujeres que participaban en el aquelarre entraban a formar parte de una congregación en la cual tenían la posibilidad de llevar a cabo todo tipo de transgresiones y de actividades maléficas, en perjuicio de hombres y de animales.

Todo parecía estar incluido en una especie de proyecto destructivo, alimentado por el odio atávico de Satanás hacia el ser humano. Según las mujeres que dicen ser brujas, se entraba a formar parte de la congregación por decisión del diablo que, según su deseo inescrutable, determinaba quién era digno de convertirse en adepto al mal. Los inquisidores eran de otro parecer, pues consideraban que las verdaderas motivaciones que determinaban el futuro de la bruja se encontraban en la descendencia. Para los autores del *Malleus maleficarum* el acto ritual practicado en el aquelarre que se consideraba más herético era la negación de Dios.

La interpretación jurídica y teológica del *Malleus maleficarum*, que recogió tendencias muy sólidas en la Iglesia de los siglos XIV y XV, y que sentó las bases para condicionar las interpretaciones posteriores, consideraba que la negación de la fe era el paso necesario que había que realizar para la iniciación satánica. Según los autores del célebre libro, cuando las brujas se doblegaban a los deseos de Satanás, se dirigían a su maestro con un voto de obediencia que debían pronunciar durante el aquelarre.

> El voto puede ser solemne o privado, pudiendo este último hacerse al diablo, individualmente, en cualquier momento. El voto solemne tiene lugar cuando las brujas se reúnen en asamblea en una fecha establecida, ven al diablo que ha adquirido forma humana y que les exhorta a mantenerse siempre fieles a él [...]; entonces las presentes le recomiendan una novicia para que la acoja. El diablo le pregunta si quiere renegar de la fe, del culto cristiano, de la mujer inmensa (así llaman a la Beatísima Virgen María), y si quiere dejar de venerar los sacramentos. Después de haber encontrado a la novicia o al discípulo dispuestos a hacerlo por propia voluntad, el diablo extiende la mano, al tiempo que el discípulo o la novicia levanta la suya prometiendo respetar los pactos. Entonces el diablo, una vez obtenidas estas promesas, añade inmediatamente que esto no basta y, cuando el discípulo pregunta qué más debe hacer, el diablo pide el honor consistente en pertenecerle en cuerpo y alma para la eternidad, y en hacer todo lo posible por encontrar a otro asociado, de un sexo u otro. También pide que se le preparen ciertos ungüentos, extraídos de huesos y de miembros de niños, sobre todo de niños bautizados, mediante los cuales y con su asistencia podrán ejecutar todos sus deseos.

(Libro I, Cuestión XIII)

La adoración del demonio

El renombrado teólogo y jurista Domenico del Rio, autor de las *Disquisitiones magicarum*, afirmaba que las brujas acudían al aquelarre volando. Allí llegaban corporalmente y entonces podían participar libremente en la *congregatio*.

Veamos cómo describe fray Francesco María Guazzo, en los primeros años del siglo XVII, el momento central del aquelarre:

> El diablo preside la reunión sentado en un trono, bajo despojos terroríficos de cabra o de perro. Se acercan a él para adorarlo, no siempre del mismo modo, sino unas veces de rodillas en acto de súplica, otras manteniéndose de espaldas, a veces con las piernas estiradas hacia arriba, y con la cabeza inclinada hacia atrás con la barbilla mirando al cielo. Luego le ofrecen velas negras de pez u ombligos de niños y, en signo de homenaje, le besan el ano [...]; la hora establecida para el encuentro nocturno es entre la medianoche y la una o las dos, con mucho el periodo más oportuno para las reuniones y para cualquier manifestación demoniaca [...]. A aquellas reuniones acude gente de ambos sexos, aunque el número de mujeres [...] es muy superior al de los hombres [...]. Hay mesas ya preparadas, ocupan sus puestos y empiezan a comer los alimentos que les proporciona el demonio o lo que cada uno lleva [...]. Después de los banquetes vienen las danzas corales, que consisten en giros que se dan siempre hacia la izquierda; pero si nuestras danzas tienen como objetivo la diversión, estas danzas de tres tiempos no generan otra cosa que fatiga, aburrimiento y tormentos muy penosos [...]. Todos los banquetes son bendecidos por el Diablo con palabras blasfemas, con las que Belcebú se declara como el que crea, da y conserva todas las cosas. Y con la misma fórmula recitan los agradecimientos después de comer. Después del banquete, cada uno de los demonios toma por la mano a la discípula de quien tiene la custodia —todo transcurre según un ritual absurdo—, se dan la espalda, se aguantan con las manos formando un círculo, sacuden la cabeza igual que los locos y bailan muchas veces llevando en la mano las velas que antes habían utilizado para adorar al Demonio. Profieren cánticos obscenos en honor del Demonio, al ritmo de un timbal o de una zambomba tocada por alguien sentado en una rama bifurcada, y los demonios y sus fieles se entremezclan impúdicamente.

Según la tradición, en el centro de la ceremonia está el diablo en su trono, a quien las brujas llaman de varias maneras. A veces se le describe como una criatura híbrida, en muchos casos parecida a un macho cabrío con los atributos típicos de su especie, pero evidenciados brutalmente. En otros casos se cuenta que las brujas encontraban en el aquelarre a un hombre negro cargado de connotaciones ambiguas, pero carente de una fisonomía definida claramente. Comparando las descripciones que nos proporcionan las diferentes fuentes de información (mayoritariamente actas procesales y comentarios de teólogos y juristas), resulta que la estructura de la ceremonia definida como «aquelarre» o «sinagoga» presentaba motivos típicos recurrentes: en el aquelarre participan muchos concurrentes; el lugar escogido para el encuentro podía ser un área geográfica característica, o bien un lugar diabólico por excelencia (por ejemplo

La culminación del aquelarre era el banquete

el nogal de Benevento); en todos los casos, la distancia entre la casa de las brujas y el lugar del aquelarre no se consideraba un condicionante; el rito contemplaba casi siempre la celebración de un abundante banquete; se bailaba y se cantaba; se practicaba la antropofagia; se efectuaban orgías; en el aquelarre se celebraba una especie de parodia de la misa con sacrificios de recién nacidos, en los que los demonios practicaban el pecado; las brujas recibían de manos del diablo productos maléficos para realizar hechizos, volar y matar personas o dañar campos y cultivos.

Si por algún motivo surgía la necesidad de hacer desaparecer cualquier rastro de aquel ritual, habría bastado con pronunciar el nombre de Cristo.

Paolo Grillando, en su obra *Utilissimus tractatus de sortilegiis* cuenta que una chica de la diócesis sabina, corrompida por una bruja, fue llevada al aquelarre y en presencia del diablo, ataviado con vestidos de oro y púrpura, exclamó: «¡Jesús bendito!, ¿qué es esto?». En aquel momento desapareció todo y la muchacha se encontró sola en un bosque oscuro.

En la mesa con las brujas

Existe la creencia de que las brujas, antes de acudir al aquelarre, tenían por costumbre robar novillos y terneros en las granjas, que luego cocinaban y comían en los rituales celebrados en compañía de diablos y otros espíritus maléficos.

Sin embargo, al final del banquete los restos de los animales se recogían, se les devolvía la vida mediante una práctica mágica y se retornaban al lugar de donde habían sido sustraídos.

En cambio, Girolamo Visconti, en el *Lamiarum sive striarum opusculum*, negaba el fenómeno de los animales cocinados y luego devueltos a la vida, aclarando que las brujas «por la mañana tienen tanto hambre y sed como si no hubiesen comido: es un signo manifiesto del engaño». Así pues, era una ilusión. Las brujas creían comer sabrosos asados y, en realidad, los «soñaban». Quizá tenían auténticas visiones derivadas del hambre endémico. En efecto, el hambre no satisfecho es la primera y más importante de las drogas. La comida de las brujas era, según numerosos inquisidores y juristas, «ficticia e imaginaria». Por tanto, como diría Bernardo Rategno, se consumía en la imaginación o en aquel estado de inquietud entre la realidad y la fantasía que, todavía hoy, es quizás el aspecto irresoluto del misterio de la brujería. Más tarde, Gerolamo Tartarotti considerará la posibilidad de que las visiones de las brujas se debieran a una alimentación errónea, rica en alimentos pesados, difíciles de digerir, que producen «sangre lenta».

En este caso, el papel de la comida perdía su potencialidad ritual y simbólica, y se condenaba desde el punto de vista dietético, insinuando la hipótesis de que el aquelarre, los demonios, los vuelos nocturnos y los hechizos fueran el resultado... ¡de una mala digestión!

Tanto las actas de los procesos como la bibliografía sobre la brujería, realizadas por teólogos y juristas entre los siglos XIV y XVIII, dejan poco margen al aspecto «gastronómico» de los banquetes de brujas, y en cambio destacan los aspectos transgresores, las connotaciones satánicas y el tono pagano.

¿Las brujas se comían a los niños?

Sea como fuere, la comida de las brujas decía muchas cosas sobre su estado, pero sobre todo aportaba mucha información que contribuía a exagerar la interpretación negativa de su proceder cuando tenía lugar el aquelarre:

— las brujas robaban animales y bebidas;
— después del banquete, en algunos casos, los animales consumidos se resucitaban y se llevaban de nuevo a los establos;
— rellenaban las cubas de las que habían sustraído vino o cerveza con orines u otras sustancias no comestibles;
— los cuerpos de los niños se cocían: unas partes se comían y otras se destinaban a la elaboración de productos mágicos.

De esto último se deduce que el delito de infanticidio era una de las acusaciones habituales que se hacían a las brujas:

> Cumpliendo las órdenes de los diablos, ahogan a los niños en las cunas y se los llevan, a veces todavía vivos, al aquelarre, como si del mercado se tratara, y los cocinan hervidos o asados para comérselos diciendo que su carne es excelente; y estos mismos niños son exhumados de noche y devorados, como sostienen muchos hombres fieles que lo han visto hacer en los cementerios antes del alba [...].

Esto explicaba Pico della Mirandola en *La bruja o los engaños de los demonios*, sin plantearse en ningún momento la posibilidad de que tales crímenes no fueran más que sugestiones y «explicaciones» ideadas para dar un sentido a las dudas y a las angustias que asaltaban a la gente normal ante la elevada mortalidad infantil.

Gervasio de Tilbury (principios del siglo XI), en *Otia Imperialia*, afirmaba con total convencimiento que las *lamiae, striae* o *mascae* eran mujeres culpables de robar a los niños de sus cunas; además, según la interpretación de Gervasio, las lamias eran las únicas capaces de recorrer largas distancias volando y dejar su cuerpo en la cama junto a su marido.

Para los autores del *Malleus maleficarum*, las principales artífices de estos horrendos delitos eran brujas comadronas, que se aprovechaban hábilmente de sus conocimientos para acercarse a los recién nacidos que utilizaban en sus rituales:

> Alguien a quien habían raptado el niño de la cuna, mientras espiaba una reunión nocturna de mujeres, vio cómo mataban al niño y lo devoraban después de haber bebido su sangre [...].
>
> Las brujas comadronas son precisamente las que causan los peores daños, tal como nos han contado las brujas arrepentidas, que decían que nadie hace más daño a la fe católica que las comadronas. Cuando no matan a un niño, lo sacan

Según los acusadores de las brujas, en los aquelarres se sacrificaban niños y en algunas ocasiones se cocían y se comían (siglo XVII)

fuera de la habitación como si tuvieran que hacer algo, pero al levantarlo en el aire lo ofrecen a los diablos.

(Libro I, Cuestión 1)

Y prosigue:

A las brujas se las enseña a preparar el ungüento y a untar el bastón. Este ungüento se elabora con un secreto de diabólica malignidad: grasa de niños asados y hervidos [...]. Se mezcla dicha grasa con animales muy venenosos, como serpientes, sapos, lagartijas, arañas, que se mezclan juntos en secreto: si alguien tocara este ungüento, aunque fuera una sola vez, moriría inmediatamente de mala muerte o después de haber pasado grandes sufrimientos [...]; los polvos para matar a los hombres: algunos de estos se hacen con vísceras de niños, mezcladas con estos venenosos animales.

El elevado número de neonatos que fueron considerados víctimas de las brujas, que los habrían asesinado con la complicidad de poderes adquiridos a través de contactos con el demonio, en realidad podría ser una trágica demostración del alto índice de mortalidad infantil que se registraba en determinadas áreas rurales y que perduró hasta el siglo XIX.

Satanás, en forma de chivo alado, venerado por las brujas

> **EL CALENDARIO DE LAS BRUJAS**
>
> Según Margaret Murray, defensora del origen precristiano del aquelarre, en este último se distinguen dos niveles muy concretos de ritualidad:
> — los *Esbat*, en los que se reunía semanalmente una sola congregación (o grupo de brujas estructuradas según una jerarquía);
> — los *Sabbat*, que se celebraban de acuerdo con un calendario estacional, donde se encontraban todas las congregadas.
> Las fechas de las reuniones eran el 2 de febrero (la Candelaria), la vigilia del 1 de julio, el 1 de agosto y el 1 de septiembre.
>
> (MURRAY, M. A., *Il dio delle streghe*, Roma, 1972, pág. 73).

Sin embargo, la mentalidad supersticiosa de las gentes, alimentada por las acusaciones de los inquisidores, continuó considerando la muerte de los niños como el resultado de las nefastas acciones de las mujeres consagradas al diablo, las cuales, matando y comiéndose aquellas pequeñas criaturas, demostraban a Satanás su completa sumisión.

El aquelarre y los antiguos ritos paganos

La teoría que pretende identificar en el complejo ritual del aquelarre los vestigios de antiguas religiones precristianas es probablemente la forma más racional de interpretar el sentido del fenómeno de la brujería.

Margaret A. Murray, en su famosa obra *Le streghe nell'Europa occidentale* (1921), sugiere la relación de las prácticas mágicas llevadas a cabo por las brujas con una cultura religiosa evolucionada a partir de los rituales precristianos de la fertilidad, en una propuesta interpretativa claramente a contracorriente. Las tesis de la estudiosa inglesa, pese a tener un interés indiscutible, resultan bastante arriesgadas porque presuponen la existencia de una antigua organización religiosa pagana que fue demonizada y considerada brujería por parte de la Inquisición. Según Murray, detrás del diablo considerado amo y señor de las reuniones de brujas, en realidad había un «dios cornudo» pagano, una criatura que con el paso del tiempo había adoptado múltiples caras, pasando de la representación de la prehistoria a las máscaras que todavía hoy se utilizan en el folclore.

La gran cantidad de información recopilada por Murray le permitió llegar a afirmar:

> Todo esto demuestra que hasta finales del siglo XVII la Vieja Religión contaba con grandes masas de fieles. Es una realidad que ha sido falsificada quizás intencionadamente, por el uso, en lugar de la palabra Dios, de la palabra Diablo en su con-

notación cristiana, y por la consideración de brujas de quienes han sido fieles a aquel dios. Como consecuencia, los paganos pasaron a considerarse adoradores del Diablo, cuando en realidad no hacían más que rendir culto a una divinidad no cristiana.

(MURRAY, M. A., *Il dio delle streghe*, Roma, 1972)

Desde este punto de vista, la tradición religiosa que fue asimilada con la brujería originariamente no tenía nada de demoniaco o malvado, sino que era simplemente la expresión de una cultura ritual no escrita, de la que hoy en día sólo conocemos pequeños fragmentos. Se trataba de una religión totalmente independiente del cristianismo, hecho que constituía la prueba de que la conversión al monoteísmo no había sido total en todas las áreas y que encontraba zonas de resistencia, especialmente en el campo.

Desde el perfil histórico y religioso, muchos estudios actuales tienden a afirmar con suficiente seguridad que las representaciones de la brujería se desarrollaron precisamente a partir del chamanismo.

Esta propuesta, aunque en el terreno de las hipótesis, presenta algunas referencias culturales de interés indudable. Se trata de conocer a través de qué vías y con qué medios penetraron las prácticas chamánicas en la estructura cultural del centro y sur de Europa, un camino difícil de recorrer, porque muchas huellas de su itinerario se han perdido definitivamente.

No se puede demostrar con certeza que en estas «diabólicas» fiestas nocturnas hubiera reminiscencias de las tradiciones culturales precristianas, así como tampoco podemos saber que en aquellos lugares oscuros, iluminados por la luz de las hogueras, mujeres sin dios optaran por entregarse al mal, devorando a los bebés y matando a los cristianos, y que, después de untarse con un ungüento viscoso y maloliente, alzaran el vuelo y se perdieran en la oscuridad de la noche...

¿Fruto de la imaginación?

La imagen del aquelarre, tal como toma cuerpo a partir de las descripciones de los inquisidores y de algunos testimonios de las brujas, no fue aceptada completamente por todos los teólogos y juristas de la época.

Por ejemplo, Andrea Alciato (1492-1550), aunque no niega la existencia de mujeres dedicadas a la práctica del maleficio, sostenía que el aquelarre era el resultado de la imaginación de mujeres visionarias e incultas:

> [...] vino a los valles de las inmediaciones de los Alpes un inquisidor de la herejía y la depravación (así es como lo llaman) para indagar sobre mujeres herejes que los antiguos llaman *lamias*. Este había carbonizado a muchas, a más de cien [...]. Ni una sola de ellas era de la especie de aquellas mujeres.
>
> Algunas habían orinado sobre la cruz, renegado de Cristo Dios, y con plena conciencia y presencia de espíritu habían matado con diversos hechizos y fórmulas mágicas.

Brujas y brujos danzando alrededor de Satanás (siglo XVI)

Yo respondí que con ellas el juez cumpliera con su deber. Otras, después de haber amenazado a las madres durante el día, de noche se habían insinuado hasta a sus hijos —a pesar de que las puertas estuvieran bien cerradas— y los habían embrujado. Entonces los pequeños morían por culpa de una enfermedad repentina que los médicos desconocían.

Yo respondí que de ellas se podía decir lo mismo que he dicho antes: que, aunque no hubieran entrado en casa de nadie, para hacerlo podían haber utilizado sus espectros.

En este caso también existe culpa, no se trata de un sueño [...]. El punto central de la duda era la posibilidad de que fueran en persona al aquelarre, o si en realidad tenían por cierto todo cuanto habían visto en sueños. Los teólogos más recientes sostienen con firmeza que las brujas acuden al aquelarre en persona, y logran hacerlo gracias a que el diablo las transporta. Incluso en el Evangelio se lee que tenían tanto poder que hasta ponían a Cristo en el pináculo del templo [Mateo 4, 4] [...].

Por lo que a mí respecta, sin duda estaría más del lado del derecho canónico y de la interpretación de nuestros doctores sobre esta cuestión, que del lado de estos nuevos teólogos, y sobre todo respecto a la cuestión decidida por el Concilio de Ancira, donde se ha escrito que tales alucinaciones están provocadas por la mente de un espíritu maligno, y se añade: infiel es aquel que cree que pueden ocurrir no en espíritu, sino realmente. De hecho, ¿quién está en sí mismo durante los sueños y las visiones nocturnas?

En cualquier caso, seguía siendo un misterio...

Satanás y sus demonios

Nunca como en el periodo de la lucha exacerbada contra las brujas, el Occidente cristiano había sido invadido por una especie de fobia hacia el mal, por la certeza de que el Señor de la Sombra había logrado reclutar miles de mujeres y hombres para preparar la llegada del Anticristo.

> Y todo esto en este siglo malvado en el que el reino de Cristo es asaltado por una tiranía muy grande y favorecida por parte de aquellos que abiertamente han prestado juramento a Belial, convencidos de que así recibirían una recompensa segura. A estos voluntarios dedico mi tiempo, que parece malgastado, con la esperanza de que puedan ser convertidos por la inmensa misericordia divina y encontrar la salvación: y por esto ruego sinceramente que les sea propicio y útil.

Así, en el siglo XVI, Johann Weyer, en su *Pseudomonarchia Daemonum*, destacaba que nunca tanto como ahora los esclavos del mal habían tenido la oportunidad de aunar sus fuerzas para enfrentarse directamente con la fe cristiana. Como ya se ha visto, hasta el siglo XIII la represión contra la magia y la brujería se consideraba secundaria con respecto a la lucha contra la herejía, aunque en esta se empezaban a entrever las primeras señales de aquellas acusaciones que tendían a considerar por un igual al hereje y al brujo dedicado a la magia negra. La creencia de que las brujas se encontraban en el aquelarre en compañía del diablo para obtener poderes a través de los cuales podían atacar a los hombres se instaló concretamente entre los siglos XIV y XV, y se acentuó sobre todo durante los periodos de crisis y carestías, epidemias y mortalidad infantil elevada.

Según los distintos testimonios, el diablo con quien se encontraban las brujas en el aquelarre o en otras ocasiones podía tener múltiples caras y a menudo aparecía con semblante de animales o de criaturas monstruosas. Además, siempre desempeñaba un papel importante en los rituales y solía estar al lado de las brujas para indicarles cómo debían atacar a la gente con los poderes sobrenaturales de los que era depositario.

Esto es lo que cuentan fuentes de la época, fuertemente condicionadas por la convicción muy extendida de que los demonios y sus seguidores llevaban a cabo actuaciones concretas para destruir las obras y la vida de los hombres de buena voluntad.

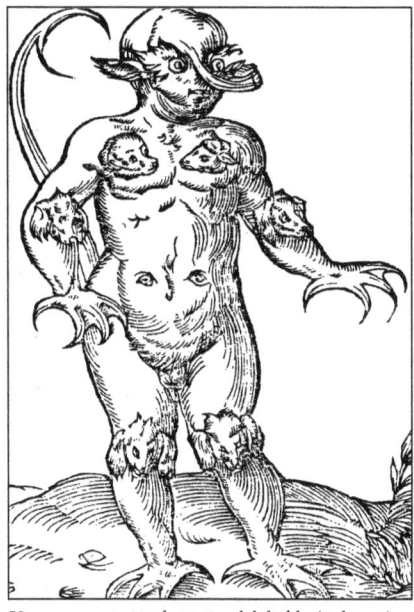
Una representación fantástica del diablo (siglo XVI)

Diablo con tres cabezas de animal (siglo XVI)

Una criatura con muchos rostros

En la conciencia cristiana, el diablo adopta desde siempre múltiples apariencias, cargándose de atributos monstruosos, originados por influencias externas y también por arquetipos comunes. Generalmente posee características grotescas, hasta convertirse en una especie de figura malvada pero impotente que el hombre logra derrotar con la astucia y la fe.

Sin embargo, en el terreno iconográfico la figura no tiene límites y está marcada por una especie de estandarización formal que aparece en todas las religiones. En cualquier caso, el diablo es feo, oscuro y sucio, mientras que el ángel es bello, luminoso y límpido. En el *Evangelio de Bartolomé*, un texto apócrifo, el diablo está descrito como una criatura enorme: «Medía mil novecientos codos de largo, setecientos de ancho, y su ala medía ochenta codos. Su rostro ardía como el fuego, sus ojos estaban nublados y de sus narices salía el humo de su maldad. Su boca era como una cueva de piedras» (2, 18).

En la base de esta identificación se puede discernir una motivación de orden psicológico, una percepción que se originó en épocas muy antiguas y se desarrolló lentamente, hasta llegar a su punto culminante en las reconstrucciones infernales de la pintura medieval.

En la metáfora cristiana, el demonio se asimila a menudo con la bestialidad, con el deseo famélico que envilece el espíritu exaltando los sentidos: «Vuestro enemigo, el diablo, pasea como un león rugiente, buscando alguien a quien devorar» (*Primera Carta de Pedro*, 5, 8). Además, el diablo estaba con-

siderado una criatura «negra por dentro: por tanto, es justo que aparezca negra por fuera» (ROSVITA, *Dialoghi drammatici*, a cargo de F. BERTINI, Milán, 1986, pág. 93).

Y al mismo tiempo podía parecer pálido, según la idea de que «la palidez era un indicio de herejía: en el siglo XI, Vasone, obispo de Liegi, protestó indignado porque en Francia católicos de fe probada habían sido condenados a la hoguera debido a su palidez extrema».

Su capacidad de adoptar aspectos muy diversos se ve claramente en las tentaciones sufridas por los eremitas cristianos, que las fuentes de la época describen con marcado tono dramático:

> Cuando tienen semblante de hombre santo, (los demonios) mienten; bajo el semblante de gigantes, bestias feroces, rastreras, asustan y disgustan. Rezuman olores repelentes; a menudo tienen los nervios alterados [...]. San Hilario oyó llantos de niños, mugidos, sollozos de mujeres, rugidos de leones, ruidos ahogados de ejércitos que se enfrentaban ocultos en la noche [...]. Los demonios carecen de orgullo, se rebajan a lo horrendo y a lo necio con tal de apartar al monje de su contemplación.
>
> (RUSSEL, I. B., *Il diavolo nel Medio Evo*, Bari, 1987, pág. 151)

El diablo ha tenido desde siempre muchos nombres y muchas apariencias; pero esencialmente su imagen confirma el antiguo papel de tentador, de criatura salvaje de los infiernos; en el *Libro de la Sabiduría* (I, 24) es considerado el inventor de la muerte.

En la Biblia es el *diabolos*, de donde deriva etimológicamente el término *diablo* de nuestro idioma. Otros nombres habituales son *Asmodeo*, probablemente de origen persa, *Aeschema daeva*, demonio enemigo de la unión conyugal; *Belcebú*, señor de las moscas; o *Poneros*, maligno, criatura tentadora portadora de la iniquidad...

Sobre el término *Belcebú* hay diversas interpretaciones: el nombre aparece sólo en los Evangelios y está formado por *Baal* (en fenicio «señor») y *zebub*, que para algunos intérpretes significaría «moscas», y para otros, «estercolero».

Diablos atormentando a los condenados al Infierno (siglo XV)

Diablos íncubos y súcubos

Según los inquisidores, los demonios que se acercaban al ser humano para inducirlo al pecado podían tener una doble fisonomía: podían ser íncubos o súcubos. En el primer caso se transformaban en hombres, y esto les permitía acercarse a las brujas, con las cuales realizaban la unión carnal; en cambio, en el segundo caso se convertían en mujeres, a veces muy atractivas, que intentaban enredar a ermitaños y santos.

> La causa por la cual los diablos son íncubos o súcubos no es el placer, porque el espíritu no tiene carne ni hueso, sino que lo hacen para dañar la doble naturaleza del hombre: el alma y el cuerpo, es decir, la materia y el espíritu, para que a través del vicio de la lujuria los hombres estén más dispuestos a caer en todos los vicios. No cabe ninguna duda de que bajo ciertas constelaciones, estos saben reforzar la semilla para la concepción de hombres que serán engendrados en la maldad y vivirán en la depravación.

Esta interpretación es de los autores del *Malleus maleficarum* (Libro I, Cuestión III), que, sin embargo, insistían en que el diablo sabía usar muchos trucos para inducir al pecado, a menudo el más vergonzoso, a hombres y mujeres.

En efecto, a través de la inspiración perversa de Satanás y de las brujas, se habían dado casos de sodomización y de zoofilia (BUCARDO DE WORMS, *Decretorum libri*, XIX, col. 968).

En el *De daemonilitate et de animalibus et succubis* de Luigi Mario Sinistrari, un sacerdote titulado en Derecho Canónico y Civil, que escribió su obra entre el 1688 y el 1695, se trata extensamente el tema de los espíritus súcubos e íncubos, que denomina *homunculi* y a los que atribuye características que recuerdan en ciertos aspectos al modelo del gnomo y similares.

DEMONIOS ÍNCUBOS EN FORMA DE SAPOS

Los espíritus familiares *(marionettes)* de ciertas brujas son diablillos *(diableteau)* en forma de sapos; estas los alimentan con una papilla de leche y harina y les dan el primer bocado; no se atreven a alejarse sin pedirles permiso y han de decir durante cuánto tiempo se ausentarán, por ejemplo tres o cuatro días; si los espíritus familiares dicen que es demasiado tiempo, no hacen el viaje o lo hacen en contra de su voluntad.

Esta aclaración, aportada por Silvain Nevillon de Orléans, condenado a muerte en 1615, fue recogida por De Lancre (*L'Incrédulité et Mescréance du Sortilège*, 1622) y resulta particularmente interesante porque pone de relieve la relación ambigua que existía entre la bruja y el sapo, presentado en este caso como un demonio íncubo.

Diablo íncubo que se une con una bruja (siglo XV)

Estos seres «no son espíritus malignos. Pero tampoco son ángeles buenos, porque no respetan el nombre de Dios, la señal de la cruz, las reliquias de los santos y el agua bendita».

Según Sinistrari, estos seres capaces de adoptar muchos aspectos, en Italia se llamaban *folletti*; en España, *duendes*, y en Francia, *follets*.

El parecer del padre Sinistrari se confirma con la autoridad de Gervasio de Tilbury, que afirmaba: «El vulgo llama a estos espíritus *duendes*: son criaturas fantásticas, sin cuerpo, que viven en la imaginación» (*Otia Imperialia*, D. I. 18, 6). Tradicionalmente, *duende* es una denominación genérica, que se relaciona con las apariciones de pequeños seres evanescentes, que llenan el universo de la tradición oral popular.

Mientras que los diferentes tipos de elfos se describen como criaturas pequeñas, pero concretas, los duendes son intangibles, reflejos fugaces que no tienen sombra y no dejan rastro.

Es muy significativa la relación entre el duende y el fuego fatuo que encontramos en algunas tradiciones populares.

En los famosos procesos contra las brujas celebrados en Val di Non, a principios del siglo XVII, algunas imputadas llamaron *Salvanello* al diablo que encontraron en el aquelarre. Según la tradición local, el Salvanello era, y todavía es, una figura del mito, una especie de elfo de dimensiones humanas y en muchos aspectos parecido al dios Pan.

Este es el testimonio de una de las acusadas:

Señores, yo os digo que el Salvanel se me apareció de noche, venía a mi cama, y se me subía encima como hacen los hombres cuando quieren practicar la unión carnal con las mujeres; al encontrarme yo desnuda, él me metía su miembro entre las piernas, y me parecía que todo transcurría como cuando una mujer se une a un hombre. Su miembro medía un palmo [...]; el mencionado Salvanel vino a encontrarse conmigo desde que murió mi marido, pero desde hace cinco años ha dejado de visitarme.

(*Ms* 618, Biblioteca Cívica de Trento; PANIZZA, A., *Processi contro le streghe nel Trentino*, Trento, 1888).

Hubo inquisidores que consideraron demonios a los gnomos y a las hadas (siglo XIX)

Diablo de un Robin Hood

La mítica figura de Robin Hood ha encendido los corazones de muchos literatos, que han visto en este personaje singular, acompañado de una banda que actúa al margen de la ley y se esconde en el misterioso bosque de Sherwood, el prototipo de defensor de los débiles contra la prepotencia de los poderosos.

Muchas crónicas narran sus gestas y lo consideran un personaje histórico, aunque en el terreno histórico hay algunas incongruencias (generalmente las fuentes sitúan las aventuras de Robin Hood entre el 1100 y el 1250).

Encontramos al mítico Robin en *Piers Plowman*, una obra de finales del siglo XIV, en *Chronicle of Scotland* (1420), en la *Lutell geste of Robin* (1495) y en numerosas baladas, las *Border Ballads*. Las baladas populares fueron recopila-

das por Joseph Ritson en 1795, y publicadas en un libro que está considerado la piedra angular de todos los estudios sobre Robin Hood. Pero quienes han transmitido a muchas generaciones la imagen que todos conocemos de este personaje fuera de la ley son autores como Alejandro Dumas, o como Howard Pyle con *Merry Adventures of Robin Hood*, y otros, que han utilizado a Robin Hood como personaje principal de sus historias. Un ejemplo es Walter Scott, que lo presenta en *Ivanhoe* a través del personaje de Locksley, un noble que llevó su vida al margen de la ley para luchar contra el terrible gobernador de Nottingham, mostrándose leal a Ricardo Corazón de León.

Según Margaret Murray el diablo que aparece en el aquelarre (en la tradición anglosajona recibe el nombre de Robin Goodfellow) tendría numerosos puntos de contacto con el «príncipe fuera de la ley». Veamos por qué:

> El culto a Robin Hood estuvo muy difundido, tanto geográfica como cronológicamente, lo cual nos induce a pensar que fue algo más que un héroe local celebrado solamente en los lugares en donde se desarrolló su leyenda [...], siempre acompañado por una banda de doce compañeros, un hecho que nos lleva a pensar inmediatamente en un Gran Maestro y en su congregación [...]. Robin Hood y su banda constituyen un elemento esencial de las ceremonias de las calendas de mayo; llevaban a cabo danzas especiales y siempre iban vestidos de verde, el color de las hadas. Los vínculos entre Robin Hood y las calendas de mayo eran tan estrechos que desde 1580 Edmund Assheton escribía a William Farington instándole a suprimir a Robin Hood y los juegos de mayo, por tratarse de prácticas inmundas que no tenían otra finalidad que incitar nuestra débil naturaleza a la disolución. En todas las narraciones sobre Robin Hood, escritas o transmitidas por la tradición oral, se destaca sin falta su animosidad contra la Iglesia [...]; además, su nombre significa *Robin with a hood* (Robin con una capucha) y sería un apelativo genérico del dios [...]; en muchos procesos contra brujas el Diablo se describe con una capucha en la cabeza.
>
> (MURRAY. M. A., *Il dio delle streghe*, Roma, 1972, pág. 45)

La figura de Robin Hood, muy parecida a una de las innumerables criaturas del mundo mítico nórdico, sería un personaje más próximo al diablo que a los elfos, tal como muchos de nosotros habíamos creído siempre.

Es muy interesante la hipótesis que sugiere Murray para explicar la diferencia física entre algunas figuras humanas (Robin Hood, en este caso) y el universo de los duendes:

> La tesis aceptada generalmente es que la idea que hoy en día tenemos de los seres mágicos se debe a Shakespeare [...]. En efecto, desde el *Sueño de una noche de verano*, en la literatura, las hadas y los elfos empezaron a ser cada vez más pequeños, hasta alcanzar unas dimensiones extraordinariamente reducidas. La literatura, especialmente a través del teatro, ha modificado la convicción popular fundada en las tradiciones más antiguas, y el duende minúsculo, nacido gracias a la fantasía de los poetas, se ha impuesto a su progenitor humano.
>
> (MURRAY. M. A., *Il dio delle streghe*, Roma, 1972, pág. 45)

Debemos aclarar que la transformación política a partir de Shakespeare podría resultar una última modificación, una especie de retorno a los orígenes. El sustrato simbólico en el que se consolidó la figura de Robin Hood es, como ya hemos visto, la característica del Pequeño Pueblo de los elfos; no hay que excluir que, después, algunos aspectos del Robin Hood de las baladas pasaron a formar parte de la tradición de la brujería, a través de la óptica demonizante de los cazadores de brujas. El retorno al vínculo inicial con el Pequeño Pueblo debe buscarse en la lógica creativa de los poetas, que para Margaret Murray «se ha impuesto al progenitor humano», dejando sólo espacio para el mito.

Llegados a este punto, para concluir, se nos abren dos caminos. El primero nos conduce a pensar que las reminiscencias de cultos precristianos han encontrado un lugar idóneo en la figura del diablo. La segunda vía, que sin embargo no nos convence, es de Margaret Murray. Se trata de una hipótesis que ha provocado un encendido debate:

> La raza de los gnomos que vivía en Europa hace un tiempo no ha dejado indicios, pero ha sobrevivido en los cuentos de hadas y elfos [...]. En mi opinión, el culto a las hadas todavía existía hace menos de tres siglos y lo practicaban personas conocidas con el nombre de brujas. Ya he destacado que muchas creencias y muchas prácticas de las brujas coinciden con las de una raza enana todavía existente, los lapones [...]. El nombre de Robin se refiere en casi todas partes al Diablo [...]. Los testimonios indican la estrecha relación entre las hadas y las brujas, y demuestran que estas últimas creían en la superioridad de las hadas en lo que respecta a poderes mágicos y curativos.
>
> (MURRAY. M. A., *Il dio delle streghe*, Roma, 1972, pág. 225)

Saliendo por la chimenea, las brujas vuelan con sus escobas hacia el aquelarre (siglo XVII)

Volar con una escoba

En el capítulo anterior hemos visto que para acudir a los aquelarres las brujas se desplazaban volando, una experiencia contra natura a la que, según la creencia popular, las mujeres de Satanás podían acceder mediante la complicidad de los demonios.

Bruja volando con una escoba

Hubo brujas que afirmaron dirigirse volando, a veces adoptando el aspecto de un animal, al *ludum*, el «juego de la buena sociedad», aquel singular encuentro que los inquisidores denominarían *aquelarre*.

El *Canon Episcopi* (siglos IX-X) afirma que las brujas creen que son capaces de desplazarse a lomos de animales voladores, acompañando a la Señora del Juego, y también:

> Son capaces de cruzar grandes territorios en el silencio de la noche profunda y obedecer a sus órdenes como a su señora y de ser llamadas ciertas noches a su servicio [...]. Hay que saber que estas cosas son totalmente falsas y que tales fantasías están evocadas en las mentes de los fieles no por el espíritu divino sino por el espíritu malvado [...]. Por eso, quien crea que es posible que una criatura cambie para mejor o para peor, o que asuma aspectos o semblantes diferentes por obra de alguien que no sea el Creador, que ha hecho todas las cosas y por medio del cual todas las cosas han sido hechas, es sin lugar a dudas un infiel y peor que un pagano.

Diana, Hécate, Herodías y Holda

Como hemos visto en la primera parte de este libro, los nombres de Diana, Hécate, Herodías y Holda se consideraban sinónimos e indicaban las figuras femeninas encargadas de conducir a las brujas al lugar del aquelarre.

Las mujeres eran guiadas al «juego de la buena sociedad» por la Señora del Juego, una figura que en sus descripciones no sólo no poseía ninguna connotación diabólica, sino que además se la consideraba un ser positivo, quizá en recuerdo de una antigua sacerdotisa. En el siglo XIX, en un periodo de un cierto gusto por los orígenes celtas de la cultura allende los Alpes, las mujeres que en la Edad Media guiaban el Cortejo de Diana, fueron consideradas los últimos exponentes de la mítica clase de las druidas (sacerdotisas de los celtas, de cuya existencia real no se tienen informaciones verídicas). En algunas fuentes se nombra a una «Señora del Trayecto», también llamada Sibila, que es la encargada de acompañar a las brujas al aquelarre. Esta es la descripción de Bartolomeo Spina (1523):

> [...] como sabemos por las confesiones de las brujas, antes de untarse oyen un sonido de cadencia variable de aquella Señora, que avanza con una multitud exultante: y suelen untarse para seguirla, llevadas por el aire, sólo cuando todas llegan al lugar establecido según la voluntad de la Señora del Trayecto.

Volar con la escoba

Aunque en muchas ocasiones las brujas aparecen representadas cabalgando sobre animales, especialmente un chivo, uno de los medios de locomoción más conocidos fue, sin lugar a dudas, la escoba.

La imagen de la mujer de Satanás volando con este instrumento doméstico ha calado profundamente en el imaginario colectivo. No es fácil remontarse hasta el origen de esta creencia, y las diferentes versiones propuestas no logran dar una respuesta suficientemente satisfactoria. Según Murray, la relación se habría formado:

> [...] en una época bastante remota, y se explica por el hecho de que la escoba es un instrumento utilizado en la casa, el dominio de la mujer. El equivalente masculino sería el horcón. Por esta razón, en las representaciones medievales de danzas de brujas, las mujeres o brujas muchas veces llevan una escoba en la mano, mientras que los hombres o los diablos empuñan un horcón.
>
> (MURRAY. M. A., *Il dio delle streghe*, Roma, 1972, pág. 84)

El tema del vuelo con la ayuda de bastones o escobas ha encontrado en la mitología de la brujería una importante caja de resonancia. Además, aparece también en el folclore con variantes muy diversas. Encontramos un ejemplo interesante de la asociación entre bastón y vuelo mágico en el ritual de carnaval del

Una bruja volando a lomos de un gato

«Baile del bastón», del siglo XVIII. Por otro lado, la simbología fálica de la escoba en la conciencia popular se cargaba de significados obscenos y demoniacos.

En el plano consciente:

> [...] se nombra la verga, el bastón, el pedazo de madera, pero en las fantasías del subconsciente se convierte en el órgano sexual masculino [...]. El término latino *virga* evoluciona a *verga*, que significa «bastón» o «pene». En inglés el significado es idéntico en *yard*, en inglés antiguo *gierd*, «bastón», usado por Chaucer para referirse al pene. A partir de estos ejemplos podemos pensar que un bastón o una caña recta como una escoba, es decir, un conjunto de vergas para barrer, representan al órgano masculino, y que los instrumentos para el vuelo de las brujas hacia el aquelarre (escoba, bastón, etc.) tienen un carácter sexual en las fantasías populares.
>
> (DELFINO, G. y A. SCHMUCKHER, *Stregoneria, magia, credenze e superstizioni a Genova e in Liguria*, Florencia, 1983, págs. 60-61)

Sin duda es curioso encontrar en las creencias de la América precolombina el uso de la escoba por parte de las brujas; desnudas, y después de haberse untado con un ungüento especial (igual que las brujas occidentales), acudían volando a la reunión presidida por la diosa Tlazolteotl o por Tezcaplipoca, que desempeñaban el mismo papel que la Señora del Juego.

Por lo que respecta a las brujas occidentales, parece ser que el uso de un aceite o un ungüento para facilitar la cabalgada, esparcidos en la escoba o el bastón, era una práctica más arcaica, mientras que en épocas más recientes eran las mujeres quienes se untaban el cuerpo para poder volar hacia el lugar del encuentro.

¿Un viaje imaginado?

Médicos e inquisidores se interrogaban acerca de las modalidades del «viaje» hacia el aquelarre, llevado a cabo en el sueño *(somnis)* o físicamente *(corporaliter)*.

Por ejemplo, el célebre cazador de brujas Jean Bodin estaba convencido de que durante el viaje nocturno quedaba en la cama un cuerpo «fantasma», creado por Satanás para confundir a los maridos de las brujas.

Este es el testimonio del dominico Bernardo Rategno de Como:

> Una secta abominable de hombres, y especialmente de mujeres, que desde hace años cuenta con la protección de aquel que siembra el mal, el diablo, ha aumentado de modo reprobable por toda Italia [...].
> Estas personas pestíferas acuden al encuentro o juego físicamente, bien despiertas y en pleno uso de sus facultades. Si deben ir a un lugar cercano, van a pie, invitándose mutuamente, pero si deben ir a un lugar lejano, las lleva el diablo.

No faltan intentos, por parte de los jueces más ilustrados, de demostrar la irrealidad del viaje, del vuelo y de la metamorfosis, imputables simplemente a alucinaciones provocadas probablemente por causas naturales: desnutrición y condiciones sociales y económicas insuficientes para garantizar un correcto equilibrio mental y físico.

Junto a los posicionamientos obtusos de ciertos inquisidores, que consideraban el vuelo una auténtica actividad demoniaca, hubo acciones llevadas a cabo con actitudes críticas y con sentido investigador. Son muy significativas las experiencias que aportan Tostato y Della Porta, respectivamente:

> Hay mujeres, a las que llamamos *brujas*, que perjuran que pueden ir a todas partes [...] una vez untadas con un ungüento especial [...]. Y allí se permiten todo tipo de placeres. Una vez ocurrió que una de estas mujerzuelas que dicen formar parte de esta secta, al no ser creída sobre este punto por los presentes, que eran muchos [...], se puso ungüento con unos signos particulares, e inmediatamente, delante de todos, quedó yaciendo exánime. Cuando recuperó el conocimiento al cabo de varias horas afirmaba que había estado en tal o tal lugar [...]. Y los presentes le hicieron notar que se equivocaba, que durante todo aquel tiempo había permanecido allí tendida en el suelo; y para confirmarlo le contaron que para estar seguros le habían dado bastonazos y le habían hecho quemaduras con fuego. Pero ella se había despertado sin notar ni el dolor de las quemaduras, ni el sufrimiento de los bastonazos.
>
> (*An homines aliquando portentur a diabolo per diversa loca*,
> en *Commentaria in primam partem*)

> Tuve en mis manos a una vieja, que se ofreció espontáneamente a darme una respuesta en un corto periodo de tiempo [...]. Se desnudó, se friccionó vigorosamente con un ungüento mientras nosotros la veíamos desde la puerta y cayó en un sueño profundo a causa de la acción de los jugos soporíferos. Entonces abrimos la puerta; nos echó con malas palabras. Luego perdió totalmente los sentidos. Volvimos al exterior. El poder del filtro que había tomado se va debilitando lentamente. Se despierta de nuevo. Empieza a delirar, diciendo que había pasado por mares y montañas, y dándome una respuesta falsa a mi pregunta. Le decimos que

no nos convence. Ella insiste. Nos enfadamos. Ella está todavía más obstinada que al principio.

(*Magiae naturalis, sive De miraculis rerum naturalium*, Nápoles, 1558)

Un mito europeo relacionado con el vuelo de las brujas: la caza salvaje

En el folclore europeo encontramos un mito, la caza salvaje, que presenta algunos vínculos con el vuelo de las brujas. En esta terrible orgía de ruidos y de ferocidad nocturna, las leyendas añaden espectros de hombres y animales, los cuales, con los otros participantes, persiguen las presas desconocidas. Enfrentarse a esta horda puede ser muy peligroso, si bien los efectos del encuentro cambian según la procedencia del mito. En Inglaterra, la caza salvaje recibe el nombre de *The Wilde Hunt*; *Sluagh* en Escocia; *Wutende Heer* en Alemania, *Chasse Arthur* en Francia; *Struggele Selvaggia* en Suiza; en la tradición italiana aparecen la *Caccia Morta,* la *Caccia del Diavolo,* el *Corteo della Berta,* la *Casa dei Canett,* la *Cazza Selvadega,* la *Kasa Selvadega*. Esquematizando las distintas variantes propuestas por el motivo mitológico de la caza salvaje, constatamos que el cortejo puede estar compuesto por espectros y demonios, almas condenadas, seres sobrenaturales, monstruosos e híbridos; también puede haber un guía de la horda, cuya tipología reproduce en líneas generales la del diablo, descrita en la iconografía popular; también aparecen con frecuencia una o más brujas que conducen el grupo.

El cristianismo transformó el mito de la caza salvaje interpretándolo como una horda de caballeros paganos lanzados en una carrera desenfrenada, como almas condenadas sin paz.

En la cultura germánica se funden la figura de Wodan, señor de la guerra (*Fuhrer des wilden Heeres*), y la del Wilder Mann (criatura salvaje relacionada con el Hombre Salvaje).

En el periodo que transcurre entre Navidad y la Adoración de los Reyes, el *Wilder Mann*, con el cortejo de espectros y una jauría de perros muy feroces, raptaría niños y los sacrificaría para ofrecerlos a divinidades infernales.

Dice la tradición que aquel que se cruzara con el terrible cortejo se vería arrastrado y desaparecería para siempre del mundo de los vivos.

En Francia la caza era anunciada por Mau-Piqueur (una especie de portador de infortunio), que según la narración popular llevaba un cuerno y un gran perro negro. Una referencia interesante la encontramos en el canto del *Infierno* dantesco (el de Pier delle Vigne) del siglo XIII, donde se describe una atmósfera que reproduce el motivo mítico de la caza salvaje:

Detrás de ellos estaba la selva llena
De negras perras ansiosas y corriendo,
Como lebreles a los que soltaran las cadenas.

Los animales de las brujas

Según una tradición muy difundida y que llega hasta nuestros días, las brujas tenían una relación muy particular con determinados animales; una relación que se manifestaba en distintos ámbitos, según el papel desempeñado por el animal en las prácticas mágicas.

Elementos recurrentes

Los casos que se dan con más frecuencia son:

— animales colaboradores de las brujas;
— diablo que se presentaba con el aspecto de un animal;
— brujas capaces de convertirse en animales;
— animales usados como cabalgadura para volar al aquelarre;
— animales víctimas de las prácticas mágicas efectuadas por las brujas;
— animales «ingredientes» de los filtros de las brujas.

Respecto a los tres primeros casos, normalmente hallamos una serie de animales que simbólicamente están relacionados con el universo del pecado y del mal: el lobo, el gato, el chivo, el pájaro nocturno.

La cabalgadura preferida es el chivo, aunque también puede haber animales fantasma.

En cuanto a las víctimas de los rituales mágicos, generalmente eran animales domésticos, robados en los establos para ser consumidos o utilizados en el transcurso de un ritual. Estos animales son un punto de referencia importante en la economía del campesinado, por esta razón, si eran víctimas de epidemias o de otros fenómenos naturales, se buscaba una justificación basada en intervenciones sobrenaturales del mal.

Por lo que respecta a los filtros mágicos, el muestrario es muy amplio y se ven claramente dos tipos de «ingredientes»:

— animales utilizados por sus características simbólicas negativas (murciélagos, sapos, serpientes, etc.);
— animales pertenecientes a la tradición mitológica, portadores, por tanto, de significados que alimentaban el mundo imaginario de la caza de brujas.

En lo que concierne a los animales colaboradores, podemos decir que por lo general se trataba de criaturas cuya intervención «práctica» se limitaba a papeles de carácter simbólico: el gato negro, la lechuza, incluso el búho o el chivo, son seguramente los más emblemáticos.

En cuanto a los pájaros, la conexión con la bruja está marcada sobre todo por su relación con la noche y la oscuridad, «lugar» por excelencia de la brujería y de los aquelarres.

El gato «diabólico»

La simbología del gato ha estado determinada en gran medida por su comportamiento característico. Este animal, muy independiente, desempañaba un papel importante en muchas religiones antiguas, adoptando a menudo un carácter divino que todavía hoy se refleja en distintas tradiciones populares.

Por esta relación con el culto pagano, el gato se ha tomado en muchas ocasiones como emblema del mal. Quizá la tradición de emparedar un gato entre las piedras de una iglesia indicaba claramente la victoria del bien sobre el mal.

La edificación del templo de Dios bloqueaba con el peso de su estructura a Satanás y a su poder mágico. Para tener una indicación precisa sobre los mitos negativos que unían este animal con el universo de la brujería, nos referire-

El gato es un animal al que se ha relacionado desde siempre con las brujas (siglo XIV)

mos a la información que nos aporta Walter Map, clérigo de la corte de Enrique II, sobre las actuaciones de algunos grupos de herejes:

> [...] cerradas las entradas, puertas y ventanas, todas las familias se sientan en silenciosa espera en las sinagogas; luego, colgando de una cuerda en medio del local, baja un gato negro de tamaño extraordinario: en cuanto lo ven, apagan las luces y no entonan ni recitan himnos de forma clara, sino que mascullan con los dientes apretados, lo buscan a tientas y, cuando lo encuentran, lo besan, humillándose más cuanto más quema su locura, algunos en los pies, la mayor parte debajo de la cola, muchos en las partes pudendas; y como si del lugar fétido les fuera transmitido un deseo incontenible, cada uno aferra al vecino o a la vecina, al que se une durante todo el tiempo que se prolonga el ludibrio.
> (*De Nugis Curialum*, 1180)

Alain de Lille, coetáneo de Map, al reconstruir la palabra *Cathari* relacionaba claramente al diablo con el gato (del latín tardío *cattus*), bajo cuyo semblante animal se habría escondido Lucifer, instigador de la herejía cátara según esta versión. En la citada bula *Vox in Rama* (1233) de Gregorio IX se afirma que con motivo del banquete del aquelarre habría hecho aparición un gran gato negro. Todos los participantes besaban a este animal «en las partes posteriores» y al final de esta práctica apareció en la reunión «un hombre con el cuerpo brillante y luminoso como el sol, y peludo como el cuerpo de un gato en la parte inferior».

También parece ser que los pactos con el diablo se sellaban con la huella de un gato. San Bernardino de Siena afirmaba en 1427 que había brujas capaces de convertirse en gatas untándose con una pomada hecha con hierbas recogidas el día de la Ascensión.

De hecho, el gato era el animal en el que las brujas se transformaban con más frecuencia para poderse insinuar tranquilamente entre los hombres sin parecer sospechosas.

Es significativo el caso registrado por el inquisidor que entre 1612 y 1613 siguió el proceso por brujería celebrado en Coredo (Trento) en Val di Non. En el documento se hace referencia a la capacidad de las brujas del lugar de transformarse en gato. Así lo narra un testimonio:

> He oído decir que hace unos años una gata fue a casa de Fidrizza di Fidrighi; como se puso a maullar sin que pudieran hacerla callar, un hermano le arrojó a la boca una tea encendida; a la mañana siguiente, la citada Tronella fue vista con un pañuelo alrededor del cuello, dando a entender que ella era aquella gata.

Cabalgaduras infernales

Los animales usados por las brujas para cabalgar eran, a los ojos de los inquisidores, bestias demoniacas, o incluso demonios mutados en animales para controlar mejor a las mujeres de Satanás cuando volaban para acudir a los lugares de los rituales.

En el *Malleus maleficarum* el fenómeno se interpretaba del siguiente modo:

¿Y qué decir de ciertos magos, llamados *nigromantes* en lenguaje corriente, que, invocados, son transportados por los diablos a través del aire, a veces hacia tierras lejanas? A veces convencen incluso a los otros para ir con ellos a caballo, que en realidad no es ningún caballo, sino el diablo que se presenta con esta forma, y recomiendan no santiguarse [...]. Otras veces las brujas utilizan animales que no son animales verdaderos, sino diablos que adoptan estas formas, o bien se desplazan sin ninguna ayuda externa, simplemente mediante la capacidad del diablo que actúa visiblemente.

(Libro I, Cuestión III)

Animales simbólicos
(un chivo y un cerdo)
utilizados como cabalgaduras
de los brujos (siglo XV)

La cabalgadura preferida de las brujas era el chivo, y en las representaciones de la época aparecen a menudo a lomos de este animal. Por ejemplo, en un texto famoso que narra las empresas de las brujas que se reunían en el mítico nogal de Benevento, encontramos un detalle al respecto:

[...] de un campesino
la esposa en bruja se convirtió;
el chivo es el animal;
nada sabía el pobrecillo.
Vio una noche
que el cuerpo de ella se había mutado,
y un carnero se había aparecido y se la había llevado.

(*Della superstiziosa Noce di Benevento, Trattato istorico del signor Pietro Piperno beneventano filosofo e medico e della Gran Giurisdizione di S. Sofia*, Nápoles, 1640)

Bruja volando sobre un chivo (siglo XVII)

Francesco Maria Guazzo (finales de 1500-1640), un auténtico cazador de brujas, consideró el vuelo de las brujas hacia el aquelarre con la ayuda de un chivo como un hecho real, y afirmaba:

> Una cosa que considero que es totalmente cierta es que el demonio transporta realmente a las brujas de un lugar a otro encima de un chivo o de otro animal fantástico, y participan en reuniones perversas. Esta es una opinión muy difundida entre los teólogos y los juristas italianos y españoles, y entre los católicos alemanes. Esto piensa mucha más gente. Sin embargo, hay que saber que antes de ir a la reunión se untan una parte o todo el cuerpo con un ungüento hecho con varias cosas, muchas veces con ungüento de niños muertos. Y una vez untadas, se desplazan con un bastón, una escoba, una caña, un horcón. En otras ocasiones utilizan un toro, un chivo, un perro, o van a las reuniones a pie, cuando el trayecto no es demasiado largo.
>
> (*Compendium maleficarum,* Milán, 1608, I, cap. XII)

El chivo del aquelarre

El chivo también era la personificación de Satanás. La imagen del chivo diablo, protagonista indiscutible de las blasfemas ceremonias del aquelarre, puede

Y AL FINAL VINO EL CHIVO

Un ejemplo interesante de la relación fuerte que tenían en el imaginario popular el diablo y el chivo se encuentra en una fábula recopilada por los hermanos Grimm, en la que se ponen en evidencia las motivaciones que vinculan a las cabras con Satanás. La fábula en cuestión se titula *Las bestias del Señor y las del diablo*:

> Nuestro Señor ya había creado a todos los animales y había escogido a los lobos para que le hicieran de perros; solamente había olvidado la cabra. Entonces intervino el diablo, que también quería crear algo, e hizo las cabras con colas largas y finas. Cuando iban a pastar, las colas se enganchaban en los matorrales y, entonces, el diablo tenía que ir y desenredarlas, lo cual comportaba muchas dificultades. Al final se irritó, agarró las cabras una detrás de la otra y con un mordisco les arrancó la cola a todas. Por eso hoy en día las cabras tienen las colas truncadas. A partir de aquel momento las dejó pastar solas, pero Nuestro Señor las vio roer un árbol frutal, dañar las vides, romper otras plantas delicadas. Por pura misericordia azuzó a sus lobos, que no tardaron en despedazar a las cabras que pasaban por allí. Cuando el diablo se enteró, se presentó al Señor y le dijo: «Tus criaturas han despedazado a las mías». El Señor respondió: «¡Las habías creado para el mal!». Y dijo el diablo: «¡Es lógico! Puesto que mi espíritu tiende al mal, lo que he creado no podía tener otra naturaleza; y tú lo vas a pagar caro». Y el Señor respondió: «Te lo pagaré cuando caigan las hojas de las encinas; ven entonces y tendrás tu paga». Cuando las hojas de las encinas hubieron caído, el diablo fue a exigir lo suyo, pero el Señor le dijo: «En la iglesia de Constantinopla hay una encina que todavía tiene todas las hojas». Enfurecido y blasfemando, el diablo corrió a buscar la encina; vagó seis meses por el desierto antes de encontrarla, y cuando volvió las demás encinas volvían a tener ya hojas verdes. Entonces tuvo que renunciar a su paga, y con rabia sacó los ojos a todas las cabras y les puso los suyos. Por esto todas las cabras tienen ojos de diablo y las colas truncadas; y al diablo le gusta adoptar su aspecto.

entenderse como la supervivencia en forma demoniaca de aquella larga serie de divinidades que eran mitad hombre mitad animal, adoradas por los paganos y celebradas en los bosques; pero, al mismo tiempo, el chivo del aquelarre también debe considerarse la reminiscencia de los sacrificios de animales, muy practicados en la Antigüedad.

Otro motivo recurrente es el del beso en las nalgas del gran chivo entronado en el centro de la reunión de las brujas, un signo de devoción y de respeto hacia Satanás, mediante el cual todos los adeptos que participaban en la reunión reconocían al Señor del mal.

En estas prácticas se podría encontrar una referencia a las tradiciones paganas, como por ejemplo los cultos dionisiacos.

La serpiente

Las palabras del Génesis (3, 1): «La serpiente era la más astuta de todas las fieras» ponen una marca indeleble a la figura de la serpiente, y con el episodio de la tentación de Eva se atribuye una forma objetiva al pecado, haciéndolo físicamente visible y con un aspecto concreto.

> Entonces el Señor dijo a la serpiente:
> Por haber hecho eso,
> maldita seas entre todos los animales
> y entre todas las fieras de la selva:
> sobre tu vientre deberás caminar
> y polvo deberás comer
> todos los días de tu vida.
>
> (Génesis, 3, 14)

Cargada de simbología negativa, la serpiente del Antiguo Testamento llega hasta el mundo de las brujas, donde figura como ingrediente de los filtros y caracteriza de modo «diabólico» el contexto en el que aparecen representadas en el arte que va del siglo XV al XVIII.

«¿De dónde llega el mal?», se preguntaba Tertuliano (*De Praescriptione haereticorum*, VII), pero el dilema no está resuelto.

La fuente del mal «no puede estar en Dios, y sin embargo no hay fuera de Dios otra fuente del ser y de la vida. Pero si el mal no puede tener su origen en Dios y si fuera de Dios no existe otra fuente del ser, ¿cómo se explica el fenómeno del mal? ¿Cuál es la solución de este dilema?» (BERDIAEFF, N., *Spirito e libertà*, Milán, 1947, pág. 237).

En esta sucesión de interrogantes que se plantean los hombres de todas las épocas a lo largo de la historia, la serpiente se identifica simplemente como el Mal en sí mismo.

Debemos aclarar que en la Biblia encontramos otros animales considerados impuros. En primer lugar aquellos que la ley mosaica prohibía comer (Levítico 11; Deuteronomio 14, 3-20). Entre los cuadrúpedos eran considerados impuros los que no tenían la uña dividida y no eran rumiantes, además de aquellos que teniendo la uña dividida no eran rumiantes. Mosè cita concretamente el camello, la liebre y el cerdo.

Entre los pájaros, aquellos que se alimentan de carroña: el águila, el buitre, el milano, el halcón, el avestruz, el búho, la gaviota, el gavilán, la lechuza, el cisne, el pelícano y el murciélago.

Casi todos los insectos eran considerados impuros.

Entre los animales acuáticos, los cetáceos, los crustáceos, los pulpos y las anguilas.

Los reptiles eran considerados todos impuros, además del conocido ejemplo del Génesis, la ley recordaba el Levítico (11, 29): «Será para vosotros abominable cada reptil que se arrastra por el suelo». La impureza de estos animales era transmitida al hombre, ya fuera comiendo su carne o tocando sus restos.

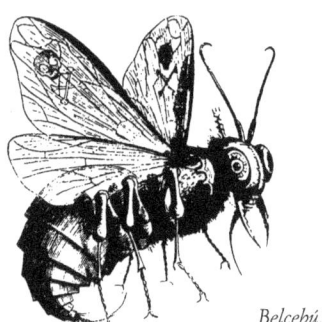

Belcebú, el Señor de las moscas (siglo XIX)

Los insectos de Satanás

Encerrados en la espiral de la leyenda, los insectos ocupan un papel muy especial en el interior de la tradición mítica y están incluso rodeados de un aura llena de misterio. A pesar de la evidente diferencia entre esta especie y la nuestra, a los insectos les han sido atribuidas características y defectos típicamente humanos: ¿cómo olvidar la discusión entre la cigala y la hormiga o los elementales consejos del grillo parlante a Pinocho?

Desde las moscas y las langostas bíblicas hasta los pequeños pero diabólicos insectos de las leyendas populares, el panorama alegórico que se formó en torno a estas minúsculas criaturas es como mínimo amplio.

Por ejemplo, en las tradiciones populares se recurre al motivo de los «mosquitos» dirigidos por el diablo: una infinidad de pequeños insectos casi nunca identificados con claridad, que se abate sobre los rebaños y el ganado ocasionando graves daños a los pastores.

Quizás el origen de esta creencia se halla en la supuesta unión entre el demonio y algunos insectos especialmente molestos: en los tratados medievales de demonología, entre tantas semblanzas del demonio encontramos también la de la mosca molesta y sucia (además no olvidemos que *Baal-zebub* significa «señor de las moscas»).

Y no sólo la leyenda, sino también la historia presenta hechos emblemáticos sobre la convicción de que los insectos tenían relación con el mundo de los infiernos. Recordemos el caso del obispo de Lausana que en 1320, en Aviñón, excomulgó a los abejorros de la ciudad y de los alrededores.

Existen muchos más casos parecidos, y las prácticas de exorcismo y de excomunión llevadas a cabo por la Iglesia contra los insectos molestos y dañinos para la agricultura son una expresión que se repite en la lucha contra el mal.

Animales en la olla...

Un tema de interés innegable es el del uso de animales para preparar filtros y pociones. De todos los animales susceptibles de convertirse en ingrediente, el sapo es el más común.

LOS ANIMALES DE LAS BRUJAS

Gallos y serpientes utilizados por las brujas para preparar sus filtros (siglo XV)

El sapo se utilizaba a menudo en las prácticas mágicas (siglo XV)

BEBIDAS MÁGICAS

Un documento interesante acerca de las prácticas celebradas con sapos está registrado en un proceso celebrado contra unos cátaros cerca de Turín, que habían practicado sus ritos en casa de una anciana del lugar, conocida con el nombre de Bilia la Castagna.

La mujer desempeñaba un papel importante, casi como si se tratara de una especie de Señora del Juego. El caso de Castagna reviste un interés importante porque propone una información concreta y objetiva de la coexistencia en un único caso de las acusaciones de herejía y de brujería, característica de la lucha contra las brujas:

> (LA ANCIANA BILIA LA CASTAGNA) ofrecía a los presentes una bebida cuando se sentaba en la mesa; era un líquido repugnante, y si alguien bebía mucho, le venía aire de las vísceras, hasta el punto de que uno de ellos se quedó casi muerto (...). Se decía que Bilia tenía debajo de la cama un gran sapo que alimentaba con carne, pan y queso (...). Interrogada sobre cuáles eran los ingredientes de la bebida, respondió que estaba hecha con excrementos del sapo; la mujer fue acusada porque quemaba en un vaso pelos inguinales y cabellos suyos cogidos del peine y los añadía al resto; esta bebida la elaboraba la vigilia de Reyes, por la noche, cerca del fuego.

Según los acusados, la misteriosa bebida tenía todas las características del filtro mágico. En efecto, no sólo producía unos determinados efectos físicos y alucinatorios, sino que también ligaba indisolublemente al grupo que la tomaba: «Tal era su eficacia, incluso para quien sólo la había tomado una vez, que a partir de entonces no podía dejar la sociedad llamada *sinagoga*». El filtro no era demasiado tranquilizador sino de *turpis aspectu*, y si el nuevo adepto ingería demasiado, los efectos eran devastadores: «Si alguien tomara bastante, se hincharía mucho, casi hasta el punto de morir».

Gregorio IX, en su bula *Vox in Rama* se refería a la utilización de ranas y sapos en las prácticas satánicas.

Un proceso celebrado en Lyon en el año 1460 contra un grupo de valdenses aporta algunas informaciones peculiares sobre el papel mágico del sapo:

> [...] una vez se le ha rendido homenaje al diablo que preside la reunión, se le da un cáliz lleno de ungüento, un bastón y todo lo necesario para acudir al aquelarre. Se le enseña a preparar el ungüento y a untar el bastón. Dicho ungüento está hecho con un secreto de diabólica malignidad: grasa de niños quemados y hervidos y otras recetas que ahora desvelaremos.
>
> Se mezcla la mencionada grasa de niño con animales muy venenosos, como serpientes, sapos, lagartijas, arañas, todo ello en secreto. Si alguien tocara este ungüento, aunque fuera sólo una vez, moriría inmediatamente de mala muerte o después de largos sufrimientos.

También preparan los polvos para matar a los hombres: algunos se elaboran con las vísceras de niños mezcladas con los mencionados animales venenosos, los cuales, reducidos a polvo, se esparcen al viento por un miembro de la secta, con tiempo nublado; los que son tocados por aquel polvo mueren o bien sufren una larga y grave enfermedad [...].

(VISCONTI, G., *Lamiarum sive striarum opusculum*, Milán, 1460)

Observemos que la piel de algunas especies de sapos posee unas glándulas que secretan una sustancia irritante y provista de principios neuroactivos.

Además, las glándulas del sapo más difundido, el *Bufo vulgaris*, producen veintiséis sustancias biológicamente activas, entre las cuales destaca el compuesto 5-OH-DMT, que posee un poder alucinógeno muy potente.

El zorro, el lobo y los herejes

«Cazad los zorros, / los pequeños zorros que destrozan las viñas, / nuestras viñas en flor.» Estos versículos del *Cantar de los Cantares* (2, 15), en los que la viña simboliza el amor de la esposa contra cuya fidelidad atentan los zorros (los pretendientes), fueron utilizados por San Bernardo de Clairvaux para crear una metáfora que tuvo una gran repercusión en la Edad Media: el zorro como expresión de la herejía.

Según un punto de vista teológico muy extendido, el zorro era un «animal falso», siempre dispuesto a tender trampas, acostumbrado a rapiñar mediante el engaño, que vivía en las mismas casas de los hombres. ¿Qué descripción del hereje es más idónea que la de «quien no tiene fe en el Señor, lleva a los demás al fraude y aleja de la fe verdadera?

En la práctica, los herejes eran zorros que alejaban astutamente a los cristianos de la fe mediante palabras falsas, capaces de adular y de confundir.

Es muy emblemática la representación que hay en una sillería de madera del siglo XV en la iglesia de la Natividad de Kempen, donde un cura con cabeza de zorro predica en un púlpito con las manos/patas falsamente unidas. Abajo, gallinas y ocas lo escuchan casi extasiadas, mientras que otro zorro, vestido con sotana pero con todos los atributos animales, está preparado para abalanzarse sobre las ingenuas víctimas.

Los zorros se cazaban y se destruían porque, más allá de la apariencia, estaban siempre dispuestos a atacar por sorpresa para destruir el «cultivo de la fe», una actitud que confirma el Antiguo Testamento: «Dicho esto, Sansón partió, capturó trescientos zorros y se procuró unas antorchas. Luego ató los animales de dos en dos por la cola, e introdujo una antorcha en el punto en que las colas estaban atadas» (*Libro de los Jueces*, 15, 4-5)

En la Edad Media, muchos predicadores recurrieron a la imagen de este animal como símbolo de los herejes, culpables de querer destruir la fe verdadera, como los zorros con la cola quemada. Su obra se consideraba engañosa y oculta, no siempre era fácil de identificar y se caracterizaba por una «técnica»

que recordaba a la de los zorros, que por la noche siembran el pánico en los gallineros.

Sin embargo, el zorro no era el único animal que cargaba con el peso de una acusación tan infamante. «El lobo es símbolo de la herejía», advertía San Euquerio en el siglo V, planteando la estrecha relación que había entre aquel animal y los herejes, y también con las brujas, arma del diablo, «lobos de Satanás»...

San Euquerio recuperaba un conocido versículo de San Mateo, en que los lobos se consideraban los «falsos profetas», que se aproximaban a los hombres «vestidos de cordero», pero con la intención de causarles trastorno y guiarles hacia el pecado.

La competencia entre carnívoros «primarios» (lobos) y «secundarios» (hombres) parece ser uno de los motivos que suscitaron la hostilidad hacia los lobos. En efecto, la competencia alimentaria es un tema que debe tenerse en consideración cuando se analizan los motivos que llevan a los estereotipos sobre los animales.

Otro ejemplo que ilustra el arraigo de la convicción de que el lobo estaba relacionado con el mundo oscuro y malvado es la licantropía, un tema que se tratará con más profundidad en el próximo capítulo. Esta diabólica manifestación debe relacionarse con el presunto poder de las brujas de transformarse en animal.

Animales bajo proceso

Los documentos de los procesos contra todo tipo de animales abarcan un periodo de tiempo bastante amplio, que comprende desde la Edad Media hasta el siglo XIX.

Las acciones emprendidas van desde la excomunión de saltamontes y ratas, hasta la condena a muerte de lobos, cerdas y otros animales, culpables de varios crímenes en perjuicio de la colectividad o de una sola persona.

El aparato judicial era idéntico que el utilizado para los delitos humanos: jueces, ministerio público, testigos, jurado, abogados, etc.

Estos procesos tuvieron una gran difusión a partir del siglo XV y se instituyeron después de la intervención de procedimientos eclesiásticos como el exorcismo. Analizando las actas acusatorias y las relaciones de exorcistas que todavía se conservan, encontramos dos tipos de delito muy precisos: el primero hace referencia al homicidio, cometido generalmente por animales solos y casi siempre domésticos; el segundo, en cambio, tiene múltiples aspectos, pero suele ser el resultado de una acción colectiva, cometida por animales salvajes (lobos, ratas y también saltamontes y serpientes).

Por ejemplo, cuando las ratas y las serpientes afectaban el equilibrio de la colectividad (daños a las cosechas, epidemias, etc.), el hombre atacaba simbólicamente a una representante del grupo, aunque la reacción más frecuente era intervenir, con la mediación de la Iglesia, contra toda la especie, excomulgándola y exorcizando el nefasto poder que el diablo había instaurado en ella.

Transformarse en animal

Una creencia difundida

Este testimonio del siglo XIV de Girolamo Visconti, dominico profesor de Lógica, ofrece una visión muy clara del arraigo que tenía la creencia de que las brujas podían transformarse en animales o cambiar fácilmente de semblante:

> Las brujas se desplazan sobre un bastón untado con grasa de niños, o a lomos de algún animal con aspecto de lobo, de cabra o de otros animales […]. En algunos procesos se lee que estas mujerzuelas entran en las casas donde duermen los niños adoptando forma de gatas.

El motivo de la transformación de las brujas en animales está perfectamente documentado en la literatura, influenciada por leyendas y mitos de varios orígenes, que se han ido ampliando desmesuradamente en las supersticiones.

La creencia según la cual algunos hombres eran capaces de convertirse en animales fue objeto de discusión desde tiempos antiguos. Sin embargo, desde la Alta Edad Media estos fenómenos improbables pasaron a relacionarse con las prácticas demoniacas.

Una bruja con semblante de lobo (siglo XIV)

PÁNFILA SE TRANSFORMÓ EN PÁJARO

En la cultura clásica la figura típica de la bruja/maga que utilizaba el recurso de transformarse en animal estaba representada por Circe, que pronto se convirtió en emblema de la mujer pérfida, depositaria de poderes nefastos. En el *Asno de oro* de Apuleyo, el motivo de la metamorfosis adopta un tono más en consonancia con los testimonios sobre cuestiones de brujas. Apuleyo cuenta la historia de una bruja (Pánfila) que se transforma en pájaro:

> (...) esta empieza despojándose de todos los vestidos, luego abre un pequeño armario y saca unos frascos. Destapa uno de los frascos, vierte el ungüento, se lo esparce por las manos y se unta desde las uñas hasta la punta de los cabellos, y hablando sumisamente a una candela mueve las extremidades temblando toda ella. Poco a poco se sacude y le crecen primero plumas finas y después más fuertes, la nariz se le endurece y se le curva, y las uñas se convierten en ganchos. Pánfila se ha convertido en un búho.

Según Santo Tomás, la animalidad está relacionada con el pecado. Por tanto, los que se entregaban al mal eran *homines animales (In Epistolam I a Cor., cap. 2, lectio 3)*: la metamorfosis no era física, sino moral. Por eso, cuando el hombre repudiaba su estado superior para seguir al diablo se convertía en un animal.

En consecuencia, pensar que un ser humano pueda convertirse físicamente en animal, equivalía a reconocer el alejamiento de su estado de gracia y el abandono de su alma en las manos del mal. San Agustín, que consideraba la magia obra de los demonios, a propósito de la metamorfosis afirmaba:

> Estos prodigios son falsos o son tan extraordinarios que no son creíbles. Lo que hay que creer con firmeza inquebrantable es que el Dios omnipotente puede hacer todo lo que quiere, ya sea para castigar o para prestar ayuda. En cambio, los demonios son criaturas angélicas pero pervertidas por su propia culpa, y no pueden hacer nada con su fuerza natural sin el permiso de Aquel, cuyos jueces ocultos son muchos, pero ninguno injusto.
>
> Es indudable que los demonios no crean a los seres (aunque es cierto que realizan prodigios similares a los que estamos tratando), sino que modifican la apariencia externa de las cosas creadas por el Dios verdadero, de modo que parecen lo que no son. Por esta razón me niego a creer rotundamente que los demonios sean capaces, con su fuerza y sus artificios, de transformar realmente no digo ya el alma, sino simplemente el cuerpo, en miembros o figuras de bestias. En cambio, admito que la fantasía del hombre, que cambia en el pensamiento o en el sueño según una innumerable diversidad de objetos y, sin ser corpórea, adopta con una rapidez sorprendente formas similares a las de los cuerpos, pueda presentarse, cuando los sentidos corporales del hombre están amodorrados u oprimidos a los sentidos de otros hombres, bajo una apariencia corporal, no sé explicar de qué modo. Así, mientras los cuerpos de los hombres yacen en algún lugar, vivos, pero

Brujas transformadas en animales volando hacia el aquelarre (siglo XVII)

en un estado de aturdimiento sensorial más pesado y profundo que el sueño, aquella imagen fantasmagórica, como si se hubiese convertido en un cuerpo con aspecto de algún animal, se aparece a los sentidos de otros hombres, y aquel hombre cree que se trata de un animal real, igual que ocurre en los sueños.

(*De Civitate Dei*, XVIII, 17-18)

La creencia en la metamorfosis es muy antigua y común a muchos pueblos. Dicha transformación se considera efecto no sólo de magia, sino también de una especie de expiación determinada por la violación de las reglas divinas.

[En el Antiguo Testamento encontramos el caso] del rey Nabucodonosor, apartado de la compañía de los hombres y obligado a vivir durante siete años entre las bestias, a lo largo de los cuales comió heno como un buey y su cuerpo se mojó con el rocío del cielo, hasta el punto de que le creció el cabello como plumas de águila y las uñas como las de los pájaros [...]. En la Edad Media, la antigua creencia perduró y aumentó, y del mismo modo que durante siglos no se dudó de la licantropía, se siguió creyendo que las brujas, los brujos y los magos podían adoptar la forma del animal que más les gustara o darla a otras personas.

(BONOMO, G., *Caccia alle streghe*, Palermo, 1959, pág. 40)

Cesáreo de Arles (siglo VI) es un ejemplo ilustrativo del papel mágico y transgresor del simbolismo animal en los rituales:

[...] cuando llega la fiesta de las calendas de enero, os alegráis estúpidamente, os emborracháis, proferís cantos eróticos y practicáis juegos obscenos [...]. Si no queréis participar en su pecado colectivo *[el de quien estaba involucrado*

directamente en los festejos], no permitáis que acudan en cortejo delante de vuestras casas, con máscaras de ciervos, de brujas, de cualquier animal; no les deis el aguinaldo, evitadlos, corregidlos y, si podéis, impedidles actuar así.

(*Sermones au peuple*, a cargo de M. J. DELANGE, París, 1971)

Un ferviente defensor de la transformación de las brujas en animales era Giordano da Bérgamo, que puntualizaba que el diablo:

[...] por ejemplo, puede componer la figura de cualquier cosa que tenga el color de una gata, un mono, un caballo u otro animal por el estilo, lo cual ocurre de un doble modo: primero, cuando el propio diablo, densificando el aire y los vapores a modo de nube, forma un cuerpo similar al de un animal, y después de haberlo adoptado, lo mueve siguiendo el movimiento que corresponde a tal animal. Y entonces, cuando aparece así, no se produce ilusión en los ojos del que mira, ya que los ojos ven realmente una cosa de color, a pesar de que sean engañados por el cambio que se produce en la sustancia conocida de aquella cosa. El sentido que percibe el objeto no resulta engañado, pero puede ser engañado por el cambio que se ha producido en el objeto, como afirma Aristóteles [...].

De la misma manera les muestra también a ellas que verdaderamente se transforman en gatas, pájaros y otros animales similares. Es una operación que el diablo suele efectuar en el cerebro de las brujas, tal como resulta del Concilio de Ancira, en la *Vida de San Andrés* y en San Agustín, donde se afirma con ejemplos lo que se ha dicho aquí.

(*Questio de strigibus*, III, 1470)

LA TRANSFORMACIÓN EN ANIMAL EN OCCIDENTE Y EN ORIENTE SEGÚN EL *MALLEUS MALEFICARUM*

Los autores del *Malleus maleficarum* sostenían que la transformación del hombre en animal podía ser de dos tipos:

Según una forma natural que pertenece a la forma que se ve, o bien según una forma que se encuentra solamente en los órganos y en la facultad del que ve (...). En cuanto a los que creen haber sido transformados en bestias, hay que saber que este tipo de brujerías no se practica en nuestros países de Occidente como en los países de Oriente. En Oriente, las brujas transforman a las personas en animales, mientras que aquí son ellas las que adoptan este aspecto a ojos de los demás. La consecuencia es que en este caso hay que aplicar los remedios propuestos en la tercera parte, es decir, el exterminio de las brujas por parte del brazo secular.

(Libro II, Cuestión X)

Por el contrario, el *Malleus maleficarum* negaba la posibilidad de que las brujas tuvieran la capacidad de transformarse a ellas mismas o a otras personas en animales mediante el poder negativo que les proporcionaba el demonio:

> No debe entenderse *[la transformación en animal]* al pie de la letra, por mucho que bastantes personas, rectamente instruidas, hayan caído en el error.
> Estas afirman sin temor alguno en sus discursos públicos que las transformaciones prodigiosas de esta clase no se producen por mérito de los diablos. Y ello siempre en grave detrimento de la fe, como se ha dicho a menudo, y alentando a las brujas, que se alegran mucho de tales afirmaciones [...]. Podemos decir que las especies de los animales que están en la reserva de la imaginación fluyen por obra de los diablos hacia los órganos de los sentidos internos, y esto, como ya se ha dicho, tiene lugar durante el sueño. Y entonces, cuando estas especies tocan los órganos del sentido externo, por ejemplo la vista, parece casi que sean cosas que existen en el exterior y que se perciben. O también el diablo puede realizar cambios en los órganos internos y con ello falsear el juicio del sentido, como se ve en aquel que tiene el sentido corrupto y encuentra amargo lo dulce.
>
> (Libro I, Cuestión X)

Unas brujas transformadas en animales volando hacia el aquelarre (siglo XV)

Una interpretación del mito

Según Carlo Ginzburg, la metamorfosis en animal, las diferentes tradiciones sobre las cabalgatas nocturnas, los éxtasis y los vuelos al aquelarre son parte de una única dimensión, donde todas las expresiones simbólicas están conectadas profundamente:

[...] las secuaces de Diana, Perchta, Holda surcaban los cielos montadas en bestias no mejor identificadas; los *benandantes*, durante sus catalepsias, hacían salir el espíritu, en forma de ratón o de mariposa, del cuerpo exánime; los ogros adoptaban semblantes de lobos, brujas y brujos iban al aquelarre cabalgando sobre chivos, o transformados en gatos, lobos, liebres; los participantes en los ritos de las calendas se ponían máscaras de ciervos o becerros, los chamanes se vestían con plumas para prepararse para sus viajes extáticos; el héroe de la fábula de magia se dirigía, montado en cabalgaduras de todo tipo, hacia reinos misteriosos y remotos o, simplemente, como en un cuento siberiano, montaba en un tronco de un árbol caído y se trasformaba en oso entrando en el mundo de los muertos.

(GINZBURG C., *Storia notturna. Una decifrazione del sabba*, Turín, 1989, pág. 24)

La transformación en animal forma parte de un conjunto de manifestaciones rituales en las que este desempeñaba un papel sagrado fundamental y que se produce en culturas muy diversas: desde los antiguos mitos surgidos en torno a un animal sagrado hasta los cultos misteriosos de las sociedades secretas africanas, pasando por los rituales de los *Berserker* escandinavos y las creencias sobre las metamorfosis de las brujas a las que nos hemos estado refiriendo.

Brujas y licántropos

Un caso particular de transformación en animal, que por el hecho de haber llegado hasta nuestros días merece un análisis en profundidad, es la creencia en la *licantropía*, es decir, en la metamorfosis de ser humano en lobo.

Sabemos que la licantropía tiene su origen en la mitología griega y que encontró un terreno abonado en la tradición nórdica. En las sagas escandinavas se pueden identificar los primeros signos concretos de la creencia en la transformación del hombre en lobo, pese a que la tradición mitológica de esta zona todavía está influenciada por la práctica chamánica, de la que se hablará en un capítulo próximo. En la saga irlandesa de los *Volsung* (siglo XIII, o quizá más antigua) y en la de los *Egill* se describe claramente la transformación de hombres en lobos gracias al influjo «mágico» de la piel del animal. Observemos que la metamorfosis en animal, en cuanto experiencia de la salida de uno mismo, se puede asimilar con el viaje extático del chamán, con el cual comparte muchas manifestaciones características. En esta línea debe insertarse también la tradición de los *Berserker* escandinavos: gran parte de los rituales que se describen, presentes en otras culturas indoeuropeas, recurren al disfraz con pieles de animales (generalmente oso y lobo). Vistiéndose con la piel ritual se desencadenaba un cambio de comportamiento simbólico, que autorizaba a los adeptos a vivir según reglas totalmente opuestas a las de la sociedad «civil».

Sin embargo, el fuerte impulso que la tradición nórdica dio al mito de la licantropía es secundario si se compara con el panorama grecolatino, el cual, partiendo de la historia de Licaón, llega hasta los sacrificios humanos y a los

cultos en honor de Zeus celebrados en el monte Liceo: allí los participantes se comían a las víctimas y por efecto de la antropofagia podían convertirse a su vez en lobos.

Entre las informaciones sobre la brujería no faltan referencias concretas a la licantropía. Además, debemos aclarar que la posición radical del *Malleus maleficarum* ponía de relieve que las acciones violentas de los lobos se debían siempre y únicamente a la obra del diablo, debiéndose aislar los casos naturales de los prodigiosos y mágicos:

> […] ahora se nos plantea la pregunta sobre los lobos que raptan a hombres y a niños de las casas y los devoran, esfumándose con gran astucia, de manera que no hay artificio o potencia que valga para atacarlos o capturarlos. Cabe decir que este fenómeno quizá pueda tener una causa natural, y quizás esté causado por el arte de los prodigios, cuando ocurre por obra de las brujas […]. Por lo que respecta a la cuestión de si son lobos de verdad o diablos que adoptan dicha forma, diríamos que son lobos verdaderos, pero obsesos y poseídos por los diablos.
>
> (Libro I, Cuestión XI)

Bruja con apariencia de lobo atacando a dos hombres (siglo XVI)

Racionalmente quizá se podría proponer la hipótesis de que la licantropía sólo fuera una de las muchas acusaciones imputadas a los acusados, y no necesariamente la principal.

Un conocido inquisidor, Jean Bodin, dejó memorias muy claras sobre la relación de la brujería con la licantropía:

[...] un brujo llamado Staf, que vivía en Berna, tenía muchos enemigos, pero siempre lograba escapar cuando se encontraba rodeado adoptando la apariencia de un animal; sólo se le podía matar mientras dormía. Hizo un encargo a dos de sus alumnos, los brujos más importantes de Alemania, Hoppon y Stadlin, para que desde allí desencadenaran tormentas, rayos y borrascas. Sin alejarnos mucho de este reino, tenemos el juicio celebrado en el parlamento de Dole, con sentencia fechada el 18 de enero de 1574, contra Gilles Garnier de Lyon, que no reproducimos aquí, puesto que está publicado en Orléans por Eloy Gilbier, y en París por Pierre de Haies. Sólo comentaremos los asuntos principales de los que fue acusado.

El mencionado Garnier, el día de San Miguel, atrapó a una doncella de diez o doce años en el bosque de la Serre, en una viña que pertenecía a los viñedos de Chastenoy, a un cuarto de milla de Dole, y le dio muerte con sus manos, parecidas a patas de lobo, con sus dientes le desgarró la carne del muslo y de un brazo, y llevó una parte a sus mujeres. Bajo este mismo aspecto de lobo, un mes después atrapó a otra muchacha, la mató y cuando se disponía a devorarla, se lo impidieron tres personas, tal como él mismo confesó. Al cabo de unos días estranguló a un niño de diez años [...] y devoró la carne de los muslos, las piernas y el vientre. También mató, con apariencia humana y no de lobo, a otro joven de doce o trece años en el bosque del pueblo de Perosa con la intención de devorarlo, si no se lo hubiesen impedido, tal como confesó *velis nolis* y sin tortura. Fue condenado a ser quemado vivo en la hoguera y la sentencia fue ejecutada.

(*De Magorum Demonomania seu detestando Lamiarum ac Magorum cum Satana commercio*, Frankfurt, 1603)

La psiquiatría moderna conoce algunos tipos de trastornos de la personalidad consistentes en que el enfermo cree ser un animal y que están originadas por alteraciones psíquicas y no por la acción malvada del diablo. Sin embargo, la creencia está muy arraigada. En una compilación sobre el folclore francés, Sébillot observaba:

[...] en la Edad Media, los bosques eran el punto de encuentro favorito de los licántropos. Esta misma creencia perduraba todavía en el siglo XVII [...]. Mediado el siglo XIX se decía en el Borbonés que los licántropos adoptaban la forma humana a medianoche, guiando a través de la montaña a manadas de lobos y los hacían bailar alrededor de un gran fuego.
En muchos lugares se encuentra la historia de un hombre que, llegado a esta reunión aullante, cuyo conductor lo hace acompañar por dos de sus perros, recomendándole no caerse [...]. Es muy peligroso, decía un escritor normando a principios del siglo XIX, portarse mal con ellos; son magos sin escrúpulos que no dudan en hacerse seguir por lobos fieles, a los que dan para comer los animales de sus enemigos. Asimismo, cuando durante la noche un lobo cualquiera ha atacado a algún animal doméstico, dicha acción se atribuye a los jefes de los lobos.

(SÉBILLOT, P., *Le folklore de France*, París 1905, vol.., I, pág. 284)

Los filtros de las brujas

Una de las principales acusaciones que recaen sobre las brujas es la que tiene que ver con el uso de productos «anormales» para la elaboración de ungüentos, polvos y filtros necesarios para sus prácticas diabólicas, en las que a menudo las terapias naturales se confundían con formas de medicina arcaica.

Se trata de una tradición mágica que ya había sido reprimida antes de iniciarse la caza de brujas. Se han registrado muchas informaciones que nos describen, por ejemplo, las penas con las que se castigaba a los sospechosos de nigromancia y *goeteia*; tampoco son raros los casos de condena a muerte para quien sólo era culpable de llevar amuletos mágicos.

¿Seres malvados o curanderos?

Antes de la represión contra las brujas, la mujer que conocía las virtudes de las hierbas contaba con un cierto reconocimiento social y desempeñaba un papel concreto, que era un punto de referencia para la colectividad. Paralelamente al incremento de las fobias contra los poderes de las brujas, surgió el miedo de que detrás de la herboristería que practicaban aquellas inofensivas «curanderas» se ocultaran oscuros rituales diabólicos.

No olvidemos que la religión ha tenido desde siempre bajo sospecha las prácticas médicas populares, por considerarlas próximas a la magia y, por tanto, alejadas de una ética en la que la ciencia y lo sagrado se compenetran. En el *Pactus Alemannorum* del siglo VII, la bruja que vaga de noche para llevar a cabo sus

Banquete de brujas bajo un árbol mágico (siglo XIV)

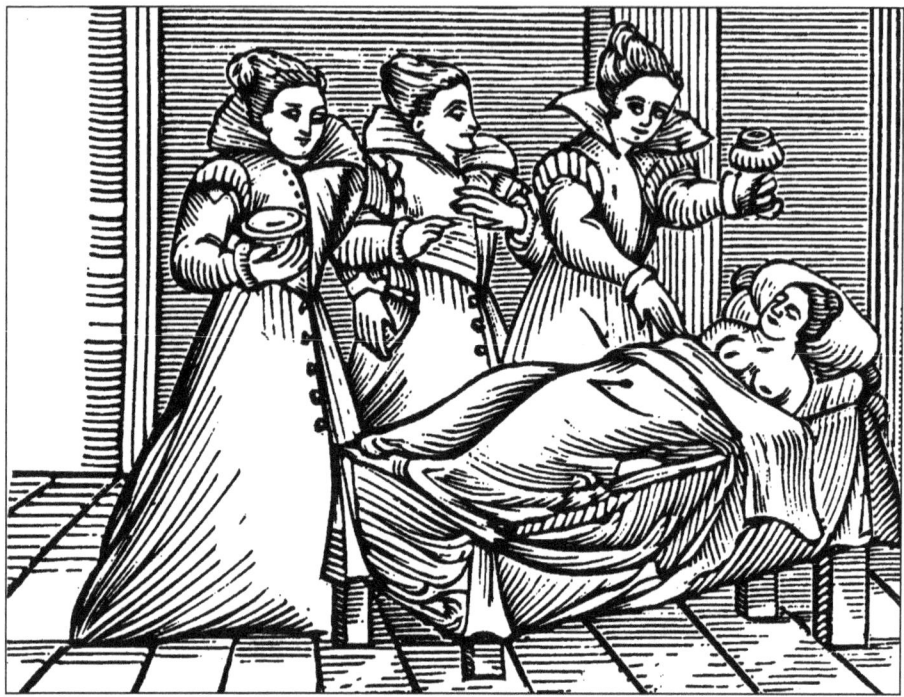

Muchas de las acusadas de brujería eran curanderas (siglo XVI)

maleficios se denomina con el término *herbaria*, un dato etimológico significativo, que demuestra la relación que se atribuía entre la mujer que conocía las propiedades de las hierbas y las actividades nefastas de las seguidoras de Satanás.

En la tradición popular siempre ha sido difícil distinguir claramente lo que pertenece al ámbito de la magia de lo que debe incluirse en ámbitos más «racionales»: desde el principio, las técnicas terapéuticas y las técnicas mágicas estuvieron muy entremezcladas, en parte porque esta tradición hacía referencia a prácticas en las cuales la separación entre la acción curativa y el gesto simbólico no estaba delimitada claramente. Un ejemplo es el caso de tratamiento de trastornos «causados» por hechizos o sortilegios. Con la llegada de la Contrarreforma, la posición con relación a la medicina popular adquirió visos de mayor firmeza. Efectivamente, después del Concilio de Trento, fueron muchas las *Constitutiones* que reglamentaron la actividad terapéutica y el uso de las hierbas. Las fuentes nos proponen frecuentemente la imagen de la bruja curandera, depositaria de fórmulas empíricas para sanar trastornos y enfermedades mediante procedimientos de gran valor simbólico. Generalmente, estas prácticas, aunque no pueden considerarse magia negra ni culto al demonio, se oponían a la moral cristiana y, por tanto, eran totalmente ilícitas.

A continuación reproducimos un fragmento muy significativo que no necesita comentarios, porque ilustra perfectamente algunos aspectos mágicos de la cultura popular:

[...] ¿has hecho lo que suelen hacer algunas mujeres? Cogen un pez vivo y se lo introducen en la vagina hasta que se muere; luego, hervido o asado, lo dan de comer al marido, para que sienta siempre deseo por ellas. Si lo has hecho, ayuna los días señalados durante dos años. ¿Has hecho lo que suelen hacer algunas mujeres? Se tumban boca abajo y se hacen amasar el pan sobre las nalgas desnudas, y luego dan de comer aquel pan a su marido, para que sienta siempre deseo por ellas. Si lo has hecho, ayuna los días señalados durante dos años. ¿Has hecho lo que suelen hacer ciertas adúlteras? Cuando se enteran de que su amante tiene la intención de contraer matrimonio, ejercen su arte maléfico para hacerlos impotentes, de modo que no puedan tener relaciones ni con sus legítimas consortes ni con ellas mismas. ¿Has hecho lo que suelen hacer algunas mujeres? Se desnudan y se untan el cuerpo con miel, y a continuación se revuelcan sobre una sábana en la que han esparcido grano; luego recogen el grano que se les ha quedado pegado al cuerpo, lo muelen girando la piedra en sentido inverso y con la harina obtenida hacen el pan que dan para comer a sus maridos, por lo cual enferman y se vuelven impotentes. Si lo has hecho, ayuna con pan y agua durante 40 días.

(BURCARDO DE WORMS, *Corrector et medicus*, *Decretum liber*, XIX)

El *Malleus maleficarum* sostenía que detrás de las curanderas y las comadronas podían actuar las brujas:

[...] si se pregunta cómo se puede distinguir entre remedios lícitos e ilícitos, a partir del momento en que las curanderas afirman que trabajan con ciertas oraciones y con aplicaciones de hierbas, se responderá que es algo fácil, con la condición de que se inquiera con diligencia. De hecho, estas tienen que esconder necesariamente sus remedios supersticiosos para no ser detenidas y para poder enredar más fácilmente a las mentes de los simples; por eso insisten en las palabras y en las aplicaciones de hierbas [...]; el número de estas brujas comadronas es tan elevado, que de sus propias confesiones se ha descubierto que no hay un solo pueblo en donde no se pueda encontrar una [...]; las brujas obstetras tienen diferentes maneras de matar el óvulo fecundado en el útero, provocando el aborto, y si no lo hacen, ofrecen a los diablos los niños recién nacidos.

(Libro II, Cuestión XI)

Las «brujas obstetras», además de ayudar a nacer a los pequeños con sistemas a menudo empíricos, eran capaces de adivinar el futuro del bebé, concretamente veían si poseía dotes extraordinarias para convertirse en mago o curandero, o incluso en una bruja o brujo. Cuando la caza de brujas se intensificó, el remolino de persecuciones alcanzó también a las curanderas, y así el vínculo implícito entre medicina popular y magia fue sancionado definitivamente por las autoridades eclesiásticas.

De los muchos testimonios inquietantes sobre prácticas terapéuticas populares en las que los inquisidores localizaban indicios claros de experiencias satánicas, destaca por su interés el que aparece en el registro del inquisidor Jacques Fournier, obispo de Pamiers desde 1317, y que fue papa con el nombre

de Benedicto XII de 1334 a 1342. En sus relaciones leemos las confesiones de una tal Beatriz de Planissolas, acusada de practicar magia:

> *[En la instrucción de caso, los jueces encontraron]* cosas muy sospechosas —que podían ser usadas para hacer maleficios y que ella reconocía que eran suyas y que llevaba consigo—, dos cordones umbilicales, dos trozos de ropa ensangrentados con sangre menstrual guardados dentro de una bolsa de cuero que también contenía un grano de incienso y otras plantas quemadas, un espejo y un cuchillo envuelto en un paño de lino, trozos de pan, hilos de lino; estos hallazgos han dado pie a la sospecha de que la mencionada Beatriz fuera una bruja que practica sortilegios. Por este motivo fue interrogada por el obispo, que era quien debía ocuparse de tales problemas.

Pero la acusada se defendió afirmando que:

> [...] los cordones umbilicales son de sus nietos, hijos de sus hijas, y los conserva porque, como dijo, fue instruida por una mujer hebrea que posteriormente fue bautizada, quien le aseguró que llevar encima estos cordones umbilicales de niños machos le traería suerte, que si tenía alguna causa judicial contra alguien ganaría dicha causa, y era por este motivo, como dijo, por lo que tenía en su poder los cordones umbilicales de sus nietos. Sin embargo, añadió que todavía no había tenido la ocasión de poner a prueba la eficacia de los cordones. El trapo ensangrentado era la sangre de la primera menstruación de su hija, y también por sugerencia de aquella mujer hebrea, la conservaba para dar de beber al marido de la hija, para asegurar su amor por ella. Precisamente la hija tenía previsto casarse aquel mismo año, con lo cual tampoco había tenido la ocasión de probar el efecto de esta sangre. Los granos no servían para el maleficio, sino para curar el dolor de cabeza. El espejo, el cuchillo y los hilos de lino tampoco tenían ninguna función maléfica.

Es interesante constatar que la acusada no negaba el uso de los elementos sospechosos que tenía en su poder y que, además, especificaba que todavía no había tenido la ocasión de probar su eficacia. De esta manera la mujer certificaba que las prácticas simbólicas que podían realizarse con aquel material eran posibles. Lo único que falta, por decirlo de algún modo, era la prueba experimental. La condena para Planissolas fue especialmente blanda: sólo un año de cárcel y la obligación de llevar durante toda la vida una cruz cosida en el vestido.

También es destacable el caso de una bruja Bellezza Orsini, quien, en el juicio celebrado en 1540, se declaró curandera y practicante de curaciones empíricas. Sin embargo, su actividad fue considerada por los acusadores como un conjunto de acciones para enfermar y hacer morir a la gente.

> Yo curo y medico todos los males, todas las enfermedades. Sé cómo se cura el mal francés, los huesos rotos, y sé curar a quien sufre de alguna mala sombra y muchas otras enfermedades. No soy bruja, doy medicamentos y utilizo mi aceite de flores [...]; tengo un libro de ciento ochenta cartas donde están todos los secretos del

mundo, buenos y malos. Con él he aprendido y he enseñado, y también lo he prestado a grandes maestros y señores.

En la práctica médica popular estaba muy extendido el conocimiento arcaico de los remedios naturales, en el que se relacionaba el mundo vegetal con el astrológico, generalmente ligado al calendario de los campesinos. Las curanderas del campo sabían recoger las hierbas idóneas en los momentos adecuados, logrando así aprovechar al máximo el potencial de cada planta. Esta práctica, que hoy en día se contempla sin prejuicios, antiguamente se consideraba la confirmación objetiva de la vinculación de estas mujeres con el mundo de lo oculto y de la magia negra. En realidad, la recolección de hierbas en periodos del año concretos no respondía a un comportamiento supersticioso, condicionado por antiguas influencias míticas, sino más bien al hecho de saber que ciertos principios activos sólo pueden obtenerse en unos días concretos (tiempo balsámico). Bernardo Gui en la *Practica inquisitionis haereticae pravitatis* incluye entre las culpas de los invocadores de demonios la recogida de hierbas efectuada de rodillas «mirando a Oriente, recitando las plegarias dominicales».

Polvos y ungüentos del diablo

Según la superstición, la enfermedad era el resultado de una intervención extrahumana o de una alteración provocada por la ruptura de un equilibrio. E incluso cuando revelaba todo su origen patológico o genético, estaba siempre presente el espectro de la magia, del sortilegio urdido por alguien (casi siempre magos y brujas) que, mediante el envío del maleficio, pretendía perjudicar con medios sobrenaturales a un individuo o a la colectividad. El hombre, desde siempre, cuando no encuentra una justificación a la enfermedad, acaba por culpar de sus males a sucesos o a personas inocentes, que asumen el papel de «chivo expiatorio» de la comunidad. Las desgracias debían tener siempre un origen identificable, que podía ser la meteorología, el contacto con determinados animales, la influencia astral, el castigo divino o la magia. Según esta mentalidad, no existen causas accidentales o fortuitas de la enfermedad: todo lo que ocurre tiene una función concreta, positiva o negativa, pero siempre está dirigida a un fin preciso.

En la bula *Summis Desiderantes Affectibus*, el papa Inocencio VIII destacó el hecho de que las mujeres de Satanás, por medio de «encantamientos, hechizos, conjuros y otras infames supersticiones y magias», tenían la capacidad de dañar la obra del hombre y de perjudicarle en el terreno de la salud. Esta es una interpretación habitual, que se da en otros acusadores, tal como podemos comprobar en el testimonio de Girolamo Visconti:

> Cogen la piel de un gato y la rellenan con legumbres, cebada, trigo, avena y racimos de uva; luego ponen esta piel en una fuente de agua y la dejan allí tres días; la secan y la pulverizan. Y suben a un monte, un día de viento, y esparcen el polvo en el aire, pronunciando palabras contra las regiones fértiles y los bienes

que están alrededor. Esto provoca la carestía y el diablo consume así el fruto de la tierra, por aquel rito.

(*Lamiarum sive striarum opusculum,* Milán, 1460)

Como ya hemos visto, la separación entre terapia y práctica mágica era muy sutil. Por otro lado, se creía desde siempre que quien era capaz de poner en marcha mecanismos de curación también era capaz de producir el efecto contrario. En este sentido, las curanderas tenían un carácter ambiguo: conocían el modo de provocar la enfermedad y el modo de eliminarla.

De hecho, brujas, herejes y untadores muchas veces estuvieron considerados un único y maldito genio que, a ojos de los inquisidores, se asimilaban por una oscura relación con las fuerzas del mal. Además, se creía que todas estas personas, marginadas por su diversidad, formaban parte de un mismo complot, destinado a alterar el equilibrio general con medios fraudulentos y perversos: la difusión de epidemias con la «unción», el envenenamiento de las aguas, la destrucción de las cosechas y la alteración de las condiciones climáticas.

Pero en el punto de mira de los acusadores tuvieron cabida otras minorías. En 1321, en Francia, muchos leprosos fueron quemados porque se decía que habían preparado venenos para matar a toda la población. Según Bernardo Gui, los leprosos «enfermos en el cuerpo y en la mente» habían envenenado los pozos y las fuentes con la intención de contagiar la enfermedad a toda la población sana. Al gran inquisidor le parecía un hecho concreto que los leprosos aspiraran:

Las brujas, con sus filtros, tenían supuestamente el poder de provocar tormentas (siglo XVII)

[...] al dominio de las ciudades y del campo; ya se habían repartido el poder y los títulos de condes y barones. Muchos, después de haber sido encarcelados, confesaron haber participado en reuniones secretas, que sus líderes habían organizado a lo largo de dos años con el objetivo de urdir el complot. Pero Dios tuvo piedad de su gente, y en muchas ciudades y muchos pueblos los culpables fueron descubiertos y quemados.

Sin embargo, las actividades nefastas de las brujas no siempre se demostraban con exactitud. Muchas veces la existencia de polvos y ungüentos se conocía solamente de oídas, aunque pese a la falta de pruebas objetivas, las acusaciones se mantuvieron y se condenó a muchas personas inocentes.

Cuando a los productos vegetales y animales «normales» se añadían otros de origen humano (huesos, piel, vísceras), la relación de las supuestas brujas con el diablo era evidente, y toda acción vagamente terapéutica, o destinada a salvaguardar la salud, se precipitaba en el pozo del maleficio y se convertía en una de las tantas manifestaciones del culto del demonio:

[...] ellos iban siempre de noche, cada uno con una lámpara. A los demonios se les invocaba con fórmulas especiales y se aparecían con el aspecto de animales. Seguidamente las luces se apagaban y se producían fornicación e incesto. Los niños que nacían como consecuencia de esto eran quemados y sus cenizas guardadas celosamente como una reliquia sagrada. Estas cenizas poseían tal poder diabólico que quienquiera que tocara la más mínima parte quedaba ligado irrevocablemente a la secta.

(PAUL DE CHARTRES, *Liber Aganonis.*
Cartulaire de l'abbaye de Saint-Père de Chartres)

Las hierbas de las brujas

Son muchas las plantas «acusadas» de ser ingredientes de pociones y brebajes mágicos elaborados por brujas y hechiceras. A continuación veremos las más importantes, algunas de las cuales se aprovechan por sus propiedades en la medicina moderna.

Angélica. También llamada «hierba de los ángeles o del Espíritu Santo», se ha considerado durante mucho tiempo una potente hierba mágica. Había quien afirmaba que las brujas la usaban para filtros y pociones.

Ajenjo. Al parecer, las brujas lo usaban como ingrediente de filtros y en los rituales mágicos. Por otro lado, esta hierba también se utilizaba para protegerse de los hechizos y los encantamientos.

Atropa belladona. Conocida también con el nombre de «hierba de las brujas» se utilizaba para estimular la motricidad y adormecer la percepción.

Datura stramonium. También denominada «hierba del diablo», es capaz de producir fuertes amnesias, de efectos comparables a la esquizofrenia. Es muy venenosa y se empleaba en los hechizos de muerte, bien triturada en el morte-

Algunas plantas consideradas especialmente mágicas o con poderes diabólicos se representaban con forma humana. Este es el caso, por ejemplo, de la mandrágora

ro y mezclada con grasas. Sólo había que esparcir este ungüento venenoso por el cuerpo de los niños: la piel absorbía el veneno y se producía la parálisis de los centros respiratorios y del sistema nervioso central.

Digital. Usada en cantidades excesivas puede causar infarto. Se mezclaba con el vino para envenenar y matar.

Eléboro. Es casi tan venenoso como el estramonio. Se usaba para los trabajos de muerte. Si se da de comer al ganado, este enferma gravemente.

Hierba doncella. Era un ingrediente utilizado en la elaboración de numerosos filtros de amor.

Ranúnculo. Es venenoso para el ganado. Se usaba para hacer enfermar mortalmente a los animales.

Salvia. Todo parece indicar que era una sustancia fundamental en la farmacia de las brujas, que se usaba para la preparación de filtros.

Verbena. En la Edad Media se cultivaba con fines medicinales en los jardines de los monasterios, pero más tarde se creyó que también formaba parte de la farmacopea de las brujas.

Otras plantas mágicas de las que se habla en los textos de la época son la *Cicuta virosa*, la *Hyoseyamus niger*, y el *Solanum niger*.

…y las hierbas contra las brujas

Según la tradición popular occidental, algunas hierbas tenían la propiedad de proteger de los maleficios de las brujas:

Ajo. La tradición aconseja usar el ajo para mantener alejados a los vampiros y a las brujas que absorben la sangre. Es una costumbre antiquísima. De hecho, Homero ya explica que el dios Hermes aconsejó el ajo a Ulises para anular los encantamientos de Circe.

Ajenjo. Según la tradición popular, para ahuyentar el mal de ojo y la envidia basta colgar del techo un ramo de flores de ajenjo.

Espino albar. Se usaba para mantener alejadas a las brujas, disponiendo ramilletes dentro de casa o en la entrada. En las puertas de los establos se clavaba un ramillete de espino albar para conjurar los trabajos de muerte del ganado.

Hipérico. Es la hierba mágica por excelencia. Se pensaba que donde crecía no podían tener lugar los aquelarres de las brujas. Por esta razón muchos campesinos la plantaban cerca de sus casas, colgaban ramos en los establos y ponían debajo del colchón de los recién nacidos para protegerlos del mal de ojo. Se dice que el hipérico ahuyentaba a los demonios del cuerpo de los poseídos; por eso se la llamaba «hierba encantada». También se solía quemar hipérico en la chimenea para alejar a los espíritus malignos.

La planta de la mandrágora en versión masculina

Orégano. En la Edad Media se consideraba un potente talismán contra las brujas y las fuerzas del mal. Se creía que podía impedir que el diablo llevara a cabo sus proyectos, y a veces se ahumaba en los locales en donde tenían lugar los juicios de la Inquisición para evitar la «contaminación de pruebas» y cosas por el estilo.

Romero. Se creía que servía para alejar a los espíritus y a las brujas, y que protegía de las maldiciones. El romero se quemaba y la ceniza se esparcía en los campos para protegerlos de las brujas que provocaban tormentas.

Tomillo. Los campesinos a menudo llevaban a bendecir a la iglesia ramas de tomillo porque creían que tenía el poder de alejar a las brujas de las cunas de los recién nacidos.

¿Toxicomanía?

En los cargos imputados a las brujas y en los datos contenidos en las actas procesales se constata que las acusadas eran declaradas culpables incluso por elaborar productos que sirvieran para la preparación de filtros y «medicinas», muchas veces con métodos «alternativos», que los inquisidores interpretaban como diabólicos.

Generalmente, a las brujas se las acusaba de lo siguiente: profanar las tumbas para obtener restos humanos necesarios en la realización de ungüentos y polvos mágicos; «cocer» niños previamente raptados con la finalidad de obtener grasa para ungüentos necesarios de distintas «brujerías»; mezclar los polvos con ingredientes macabros, animales negativos desde el punto de vista

---

INGREDIENTES MACABROS

Escamas de dragón, diente de lobo
bruja momificada, ventrículo
de un tiburón que agita los mares
barba de cicuta destaponada a oscuras
hígado de impío circunciso
vejiga de cabra, rama cortada
de un tejo en eclipse lunar.
Nariz de turco y labios de tártaro,
dedo de niño estrangulado
parido en un foso.
Hacer una pasta densa y grasa.

Así imagina Shakespeare en *Macbeth* los productos que acaban en la caldera de las brujas, dominadas por la temida Hécate: «La señora de vuestros encantamientos, la urdidora secreta de todos los males».

LOS FILTROS DE LAS BRUJAS

Según la creencia, los filtros permitían a las brujas volar o transformarse en animales (siglo XVI)

simbólico (sapos, reptiles, murciélagos, etc.); envenenar y matar a hombres y animales usando sus productos mágicos; usar ciertos polvos mágicos para hacer que las víctimas cayeran en una especie de estado cataléptico; causar, mediante el uso de estos productos, la esterilidad a mujeres y hombres; dañar cosechas con polvos mágicos producidos por las brujas o proporcionados por el diablo; elaborar y usar productos con poderes terapéuticos extraordinarios, capaces incluso de resucitar a los muertos.

Exceptuando algunos ingredientes repugnantes (huesos y grasa de niños, piel de sapo, etc.) es evidente que muchas «recetas mágicas» no contenían realmente ingredientes insólitos, si bien no se puede excluir la posibilidad de que ciertos productos naturales causaran efectos alucinógenos y trastornos del comportamiento.

El tema de las brujas «drogadas» ha hecho correr ríos de tinta, dando pie a muchas y sugestivas interpretaciones que todavía hoy suscitan dudas.

Especialmente en las áreas rurales en las que el cristianismo tuvo dificultades para imponerse, ciertas prácticas «alternativas», impregnadas originariamente de reminiscencias sagradas paganas (como, por ejemplo, varias formas de fitoterapia), se convirtieron en el emblema de una toma de posición crítica con la cultura oficial. Desde este punto de vista, el uso de productos en cierta manera «heréticos» podría haber indicado la voluntad, por parte de ciertos

EL GRANO LOCO

Se ha planteado la hipótesis de que las visiones de las brujas hubiesen podido estar producidas por la ingestión de *segale cornuta*, cuyos efectos provocan visiones particularmente dramáticas (dilatación de los espacios, colores acentuados, distorsión de las figuras), documentadas en numerosas fuentes históricas. Estas alucinaciones estaban causadas por un compuesto del ácido lisérgico, que produce efectos muy similares al LSD.

Esta característica del cereal se debía a la acción de un parásito, el *Claviceps purpurea*, de la familia de los *Clavicipitaceae*, un hongo que en determinadas condiciones atmosféricas era un parásito del trigo.

El uso de harina contaminada provocaba intoxicación, con efectos físicos o psíquicos. En el primer caso, los cuerpos de los enfermos se cubrían de llagas que podían degenerar en gangrena (el llamado Fuego de San Antonio); en el segundo caso, los efectos eran parecidos a la epilepsia, con profundos estados de alteración psicofísica.

En todo esto no hay nada de sobrenatural, pero los efectos del ácido lisérgico fueron considerados un fenómeno que escapaba a la comprensión humana, y por tanto ligados a causas como la magia o el maleficio. En la Alemania medieval se hablaba de *grano loco*, lo cual da una idea clara de la actitud de la sociedad ante el «monstruo» que anidaba en el trigo, dispuesto a perjudicar a cualquiera con sus diabólicos efectos.

grupos minoritarios, de mantener unos rasgos culturales propios y de sobrevivir a los pesados condicionantes externos.

La capacidad de saber gestionar ciertos remedios curativos de origen vegetal o, por el contrario, la aplicación de los mismos con fines negativos, como el maleficio o el uso para volar, representaba un señal inequívoca del poder de las brujas, habilidosas en el arte de amalgamar ciencia y magia.

Sin embargo, es importante recordar que la preparación de tales brebajes, regulada por formularios de distintos orígenes, tuvo un papel importante con respecto a la salud de las presuntas brujas.

La utilización continuada e incontrolada de sustancias vegetales con propiedades estimulantes del sistema nervioso podría haber provocado de forma más o menos involuntaria unos estados psíquicos alterados y, en consecuencia, muchas de las visiones de las brujas.

Si intentamos racionalizar las informaciones provenientes de los textos de la época, podemos llegar a la conclusión de que el uso de determinados sustancias alucinógenas podía provocar la sensación de poder desplazarse rápidamente y de poder cubrir grandes distancias, a veces sin ser consciente. De ello se deriva también una percepción extraordinaria, probablemente acentuada por la ingestión de ciertos productos «mágicos», y el despertar, en estado de confusión, en lugares diferentes a los de partida.

En la literatura demonológica de los siglos XVI y XVII también encontramos obras de médicos que valoran las distintas creencias sobre los poderes de las brujas desde una óptica más racional, relacionando las visiones con el uso incorrecto de productos alucinógenos.

Por ejemplo, el tratado *De la lycantropie, transformation et extase des sorciers* (1615), del médico francés De Nynauld, distinguía tres tipos de ungüentos capaces de generar visiones: el que hacía creer a las brujas que acudían en sueños al aquelarre; el que efectivamente permitía el transporte al aquelarre; y el que creaba la ilusión a las personas de poseer a capacidad de transformarse en animal.

La brujería fuera de Occidente

Un término usado impropiamente

Tengamos presente que el uso que solemos hacer del término *bruja*, refiriéndonos a los fenómenos mágicos de culturas no occidentales, es totalmente impropio cuando se aplica a poblaciones que en el pasado se calificaba de *primitivas*.

De hecho, la brujería abarca solamente a los fenómenos que han caracterizado parte de la Europa cristiana y, más tarde, el Nuevo Mundo, en un periodo comprendido entre la Baja Edad Media y parte del siglo XVIII, durante el cual se desarrolla la caza de individuos concretos o de grupos acusados de practicar el culto al diablo.

En las culturas «tradicionales» es más correcto hablar de prácticas de magia y hechicería con la finalidad de causar mal a hombres, animales o cosas, según modelos que sólo se pueden considerar parcialmente similares a nuestra idea de brujería.

LA BRUJERÍA PROVOCA LA MUERTE

Uno de los primeros casos de brujería africana que fue estudiado científicamente es el de Azande (un pueblo situado en una región comprendida entre Sudán y el Congo actual). Edward Evans-Pritchard (1902-1973) se dedicó a fondo al tema y constató que en algunas culturas «la brujería provoca la muerte. Por eso la muerte constituye una prueba de brujería y los oráculos confirman que fue precisamente la brujería la causante. La magia sirve para vengar la muerte». La brujería se efectuaba directamente para producir maleficios con el fin de causar mal a las víctimas. Estas, por su parte, podían intentar salvarse recurriendo a prácticas protectoras y exorcismos destinados a combatir los efectos nefastos provocados por las intervenciones de brujas y brujos. Siempre según Evans-Pritchard, «cuando un habitante de aquella región habla de brujería, no lo hace con las mismas connotaciones que nosotros con respecto a la brujería misteriosa y fatídica para nuestra historia. Para él representa un acontecimiento totalmente banal y casi no pasa un día sin que se manifieste».

Dibujos simbólicos sobre el tambor de un chamán

Brujo o chamán

Brujo es un término obsoleto, que en el pasado se utilizaba para designar a quien actuaba en la medicina y realizaba magia. Hoy en día se le llama *chamán*.

En realidad, la iconografía del brujo ha originado confusión durante siglos y ha sugerido al observador occidental una visión distorsionada de una figura determinante en el seno de la estructura social de las comunidades indígenas.

La palabra *brujo* sugiere una imagen a veces grotesca, que posee pocas conexiones con los hechos reales; cuando esto ocurre, los aspectos materiales se enfatizan hasta el punto de poner de manifiesto solamente las características más espectaculares, generalmente el atuendo, el ritual, los gestos.

Esto se debe a la costumbre del hombre occidental de relacionar cualquier realidad que le resulte insólita con un mundo fantástico, sin vínculos concretos con la historia. En este sentido, el brujo, tal como aparece en nuestro imaginario colectivo, es el producto de una lectura irracional y disparatada de las informaciones, que a su vez son fruto de una interpretación arbitraria de los da-

tos provenientes de los primeros viajeros y exploradores occidentales, hombres animados por el espíritu aventurero, nuevos héroes que se proponían «descubrir» otros edenes entre los «salvajes». La idea occidental de «brujo» corresponde en realidad con la figura más concreta del chamán: un personaje carismático y muy importante, en torno al cual se desarrolla el universo mágico y espiritual de comunidades enteras.

No es fácil dar una definición científica, y sobre todo orgánica, del chamanismo, ya que dentro de tal experiencia se activan expresiones rituales y conjuntos simbólicos muy estructurados.

El origen del chamanismo

El fenómeno del chamanismo se sitúa en un área muy extensa que incluye Asia central y septentrional, posiblemente con influencias de antiguas culturas de la India; este fenómeno, quizás a través de Escitia y Tracia, se habría extendido de forma bastante tenue por la Grecia clásica a la Europa meridional, y seguramente al mundo germánico. En torno a la figura del dios germano Odín se hallan una serie de motivos que se remontan a la iniciación chamánica, revelando conexiones sorprendentes con el ritualismo típico del chamán.

Sin embargo, actualmente los estudiosos no consideran el chamanismo como un fenómeno religioso perteneciente sólo al área indoeuropea, ya que varios aspectos de estas experiencias rituales se encuentran en los indios de Norteamérica y en muchas tradiciones de Oceanía.

En líneas generales, el área original del chamanismo comprende de Siberia a Asia central; se trata de una tradición típica de las poblaciones asiáticas y de las regiones árticas europeas (lapones), que condicionó en gran parte la de América septentrional y meridional.

A partir de este núcleo inicial, el chamanismo se ha extendido a otras áreas. El chamanismo japonés tiene otra identidad, y todavía hoy goza de una

---

UN ENFRENTAMIENTO ENTRE CULTURAS

Las informaciones más antiguas sobre el chamanismo se remontan al siglo XIII, y provienen de las crónicas de viajeros europeos que tuvieron contacto con los pueblos asiáticos y siberianos. Con los primeros misioneros el encuentro fue menos doloroso que el que caracterizó la actividad evangelizadora en otros territorios. De hecho, el chamanismo, en tanto que manifestación con finalidades concretas, se propone como una práctica individual, sin lugares de culto, sacerdotes ni liturgia, es decir, como un conjunto ritual que no condicionaba a la religión dominante. Este contexto mágico y simbólico es común tanto a pueblos siberianos, como australianos, pasando por los chinos y los indios americanos, aunque amalgamado con la cultura y la religión de cada pueblo.

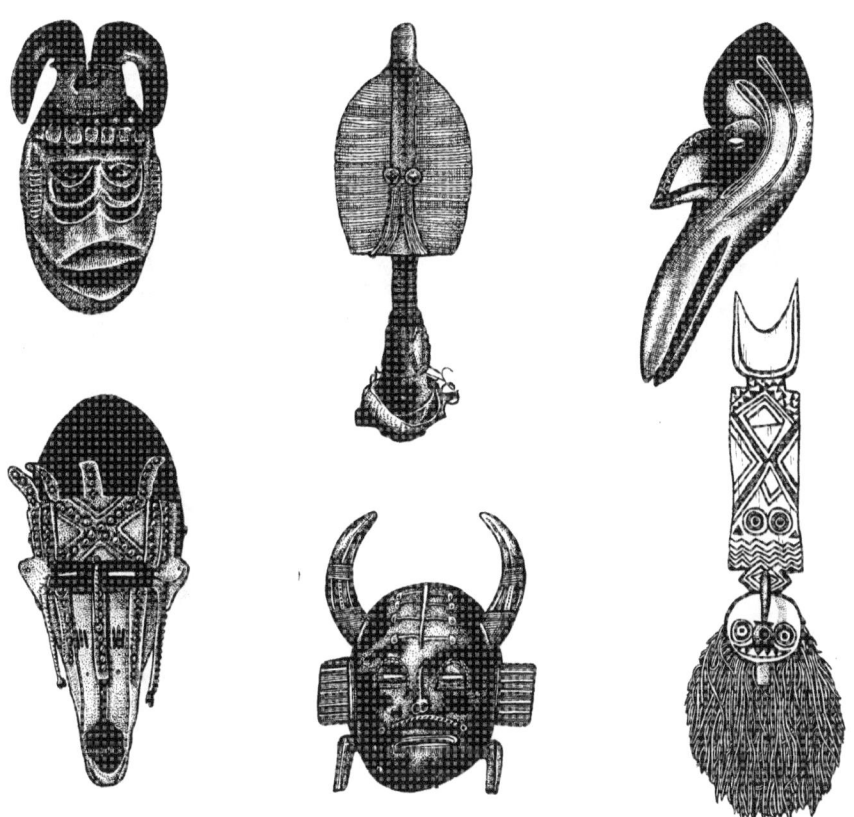

gran difusión. En cambio, es bastante más difícil identificar las conexiones culturales existentes entre el núcleo asiático primitivo y las manifestaciones australianas y oceánicas.

El chamán, hombre de los espíritus

Aprovechando su gran capacidad de entretejer una relación con las almas de los muertos, el chamán se convierte en dueño de técnicas extáticas y adivinatorias, que le sitúan en un rango superior, y dueño de métodos para dialogar con los espíritus.

Todo ello no se reduce a una simple práctica mágica, sino que resulta de una experiencia cuya finalidad es adquirir la fuerza de la energía universal, el *mana*, mediante una búsqueda continua del conocimiento, iniciada quizá cuando la especie humana buscaba todavía la forma de determinar el lugar que le corresponde en la vastedad del mundo.

A través de sus experiencias extáticas, el chamán no sólo tiene la posibilidad de entrar en contacto con los espíritus buenos, sino que también puede llegar al infierno y aproximarse a los demonios.

Su papel, en conjunto, es positivo, aunque en algún caso, por ejemplo en Yakutia, existen «chamanes blancos» y «chamanes negros»: los primeros son capaces de interceder ante las divinidades celestes, los segundos ante los demonios.

Pero, en general, predomina una figura ambigua del chamán, con relaciones idénticas con los dos mundos, si bien, como ya se ha dicho, los objetivos primeros del chamán, en la acepción más común del término, están orientados al bien de la comunidad. En el idioma de origen, *shaman* significa «aquel que está agitado, llevado por los espíritus», relacionado con el sánscrito *sramana*; la vocación del chamán está anunciada por manifestaciones sobrenaturales (signos, apariciones, presencias advertidas como demostración concreta del futuro cargo del elegido), y hoy ciertas manifestaciones han sido objeto de estudios psiquiátricos. El chamán no puede rechazar su vocación y, por tanto, el nuevo chamán debe superar una serie de difíciles pruebas iniciáticas.

A continuación podrá tener a su servicio los animales-espíritus y usar el viaje extático (a la ultratumba o a lugares lejanos) como instrumentos mágicos de adivinación. Siempre se le considera un ser que posee poderes extraordinarios que le confieren los espíritus, usados generalmente de forma positiva.

Para llevar a cabo los ritos se sirve de una serie de objetos y adornos de fuerte valor simbólico, como vestidos (que a menudo le permiten «convertirse» en animal) e instrumentos mágicos (tambor, reliquias, amuletos).

LA SECTA DE LOS HOMBRES LEOPARDO

La secta de los Hombres Leopardo debe gran parte de su notoriedad a la mitología creada por la tradición occidental. De hecho se tienen pocas informaciones sobre este grupo misterioso cuyos miembros, a decir de muchos, actuarían disfrazados de leopardo para cometer sus acciones malvadas.
En realidad, el origen de esta historia debemos buscarlo en una creencia muy extendida en África: la posibilidad de que algunos hombres puedan mutarse en animal. La creencia de la metamorfosis es muy antigua y común a muchos pueblos. Dicha transformación se considera no sólo efecto de la magia, sino también una especie de expiación provocada por la infracción de reglas adivinas. Según la tradición africana, había magos capaces de transformarse en animales —prerrogativa típica de los chamanes— para efectuar sin molestias, y sobre todo con atuendos que los hacían irreconocibles, acciones relacionadas con el rito. En el Ibo (Nigeria) estaba difundida la creencia de que se podía traspasar el alma de un hombre al cuerpo de un animal durante el sueño y sin que el individuo lo notara. Además, se decía que había «brujos» que podían convertir a un hombre en animal, para que muriera en una cacería sin que los protagonistas se dieran cuenta. Esta «técnica» se utilizaba para poner en práctica venganzas personales sin levantar sospechas.

Brujería y zombis

Una expresión muy particular de la tradición mágico-religiosa de Sudamérica, que muchas veces se ha relacionado con la brujería, es el vudú, rito al que se une la figura de los zombis. *Vudú* es un término de origen africano que en la lengua de origen significa «espíritu».

Los zombis son quizá las figuras que, incluso a nivel imaginario, expresan con más virulencia el miedo atávico al retorno de los muertos.

Son seres complejos, en los que conviven elementos de la mitología haitiana, de la religión animista africana y del cristianismo, confluyendo en la tradición vudú.

Normalmente los zombis son muertos que salen de las tumbas gracias a prácticas de vudú. Con estos ritos, a los cadáveres se les privaría de sus almas y se convertirían en esclavos de la voluntad de los magos nigromantes, que los utilizarían para cualquier función, sin excluir la posibilidad de cometer delitos. En el sur del continente africano se creía en la capacidad que poseían algunos brujos de resucitar a los muertos, transformarlos en animales y convertirlos en esclavos.

Generalmente, en las tradiciones estas criaturas están animadas por virtudes mágicas. No son espectros propiamente dichos, sino seres vivientes capaces de moverse por el mundo, cuyas funciones cerebrales están totalmente controladas por su animador.

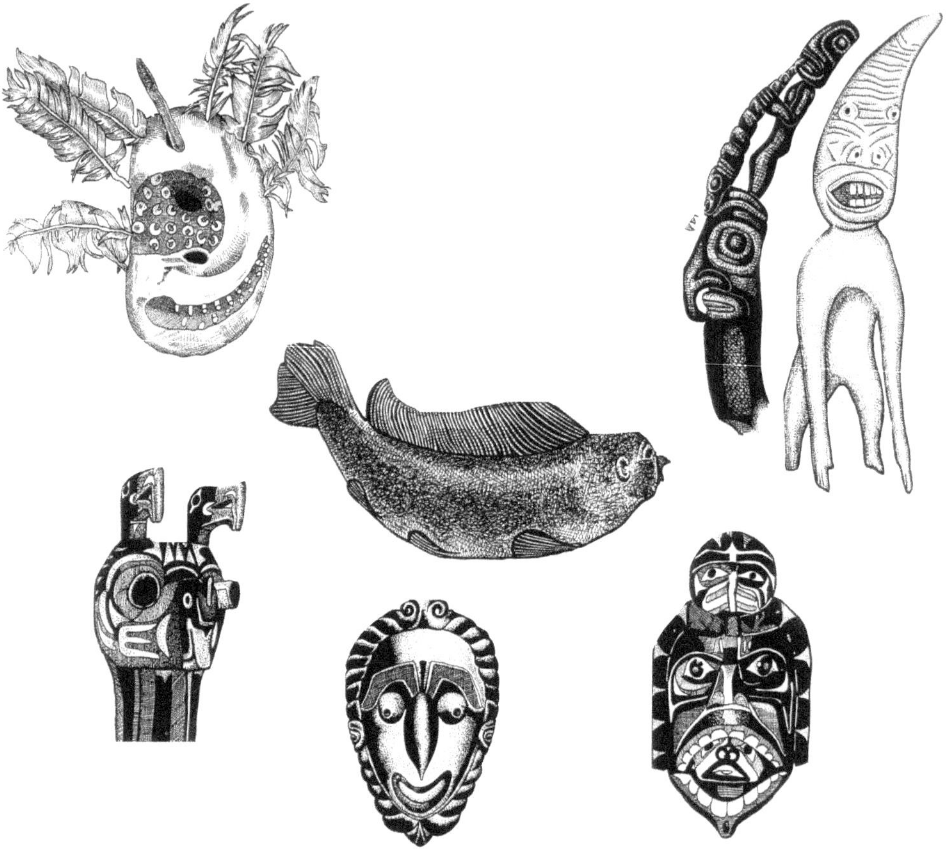

Así, pues, el zombi es un cuerpo sin alma esclavizado, del que se ha adueñado un nigromante, hábil manipulador de la magia negra. No tenemos fuentes fiables del origen del término *zombi*, probablemente una palabra de tradición criolla utilizada en las Antillas, aunque existen hipótesis que la relacionan con los vocablos congoleños *Nvumbi*, con significado equivalente a «cuerpo sin alma», y *Nsumi*, «demonio».

La práctica del vudú en las Antillas presenta analogías reales con el ritual africano del «Zar», una práctica que propone numerosas conexiones, a varios niveles, con la tradición surgida en torno a los evocadores de los zombis. En el siglo XVIII llegaron a Haití miles de esclavos procedentes de Guinea. Esta aportación de fuerza de trabajo comportó la instauración de una cultura negra en el Nuevo Mundo, con evolución y tipologías diversas en las distintas áreas en las que se difundió. Por ejemplo, el *vudú* haitiano se convierte en *macumba* en Brasil, en *candomble* en Bahía, en *santería* en Cuba...

Para valorar el halo de truculencia y satanismo que caracteriza a los rituales del vudú y a los zombis hay que tener en cuenta la tendencia, por parte de la cultura blanca, de rodear de una luz demoniaca las prácticas religiosas de

> **BRUJAS Y PERIÓDICOS**
>
> De vez en cuando, en los periódicos africanos aparecen hechos de crónica ligados con la magia y la brujería. Por ejemplo, un rotativo de Costa de Marfil publicó en portada que en la ciudad de Bondoukou, a 350 km de la capital, el tribunal local condenó a tres brujos a tres meses de cárcel «después de que hubieran confesado haber transformado a 35 personas en agutíes y haberlos comido (el agutí es un roedor de la talla de una nutria).
> Un conocido periódico italiano publicó otra noticia singular: «Malda (India). Khepra Murmu, una mujer del pueblo de Daulatpur, en la zona occidental de Bengala, recientemente ha sido ahorcada en público acusada de ser una bruja (...); en los cuatro últimos años, en esta zona remota se ha aplicado la pena capital a una cincuentena de mujeres acusadas de brujería».

la cultura negra. En efecto, catalogar como magia negra todo lo que en realidad era culto animista fue un medio para debilitar una tradición que constituía el único vínculo con una autonomía que se había perdido por culpa de la esclavitud y la marginación. No olvidemos que el vudú es, sobre todo, una práctica cuyo valor sagrado está conectado indivisiblemente con la cultura de la pobreza, típica de las regiones donde se ha instaurado el mito del zombi.

El hecho de conservar una cierta tradición ritual en el seno de las culturas haitiana, criolla y africana expresa la necesidad del grupo de oponerse a la cultura impuesta: lengua francesa y religión católica.

Analizando el fenómeno vudú se observan dos tipos de rito: el primero es público, e involucra a un gran número de practicantes, dentro de un conjunto en el que desempeñan un papel simbólico la danza desenfrenada, el sacrificio y la música; el segundo, en cambio, es de carácter privado y se articula según un ritual que es dominio absoluto del sacerdote y se basa en una relación muy estrecha entre el oficiante y el mundo de los espíritus (llamados *loa*).

Es de lamentar, sin embargo, los tópicos surgidos alrededor del vudú que relacionan los rituales con la magia negra, cuando en realidad su origen es muy distinto y debe buscarse en tradiciones culturales de índole más animista.

La brujería y el hombre moderno

La Ilustración contra la superstición

A principios del siglo XVIII los cambios en la situación cultural e histórica propiciaron finalmente el debilitamiento de la caza de brujas.

Hubo dos autores que contribuyeron a preparar el camino: Giovanni Pico della Mirandola y Cornelio Agripa de Nettesheim, que ciertamente propusieron una lectura más amplia de la cultura mágica, acorde con sus ideas filosóficas. Por otro lado, trazaron la línea divisoria entre lo real y lo irreal, entre lo posible y lo imposible, siguiendo un método analítico regido por la racionalidad.

Gracias al impulso de los descubrimientos científicos, teólogos y juristas expresaron cada vez más dudas acerca de la existencia de brujas y acerca de sus actuaciones.

Este tipo de aproximación al fenómeno llegó a muchos sectores de la sociedad y encontró en las clases más cultas los principales defensores del pensamiento fundado únicamente en la razón.

Fueron fundamentales las contribuciones de científicos como Galileo, Copérnico, Kepler, Newton, quienes, con sus afirmaciones, demostraron que el universo responde a unas leyes físicas preestablecidas, sin que le afecten las influencias sobrenaturales y la acción de los espíritus, ya sean buenos o malos.

A esta nueva actitud crítica se sumó la reforma judicial y la reglamentación del uso de la tortura.

Una redención contrastada

En Francia tuvo lugar un hecho importante del cambio de actitud del estamento jurídico con relación a la brujería cuando, en 1624, un edicto sancionó que todas las sentencias de condena por delitos de brujería fueran deferidas automáticamente apelando al Parlamento de París.

Durante el reinado de Luis XIV, con los dos edictos (1672-1682) del ministro Colbert, se suprimió el delito de brujería, borrándolo para siempre de la legislación del país.

Otros estados, sin embargo, no fueron tan ilustrados. Por ejemplo, en Alemania la caza de brujas continuó hasta finales del siglo XVII, aunque de forma

menos virulenta que en los siglos anteriores, pero con episodios de intolerancia y persecución durante gran parte del XVIII.

En la parte protestante de Suiza, las últimas hogueras se apagaron en 1782, y en Polonia unos años más tarde, mientras que en Holanda el fenómeno se extinguió entre finales del siglo XVI y principios del XVII.

Johann Weyer especificaba en *De praestigiis daemonum*:

> [...] las brujas no pueden causar ningún daño a nadie, ni con sus malas intenciones, ni con su mirada maligna, ni con sus infames sortilegios, y que [es] más bien su imaginación, encendida por el demonio con tretas secretas, y el tormento de la melancolía lo que les hace creer que son la causa de todos los males que han sido provocados por Satanás o han sido producidos naturalmente por oculto deseo divino.
>
> Si se examina rigurosamente su comportamiento, la falsedad de las cosas se hace evidente a ojos de todo el mundo.

Es importante observar que, a pesar de que la supresión de la caza de brujas fue aceptada oficialmente por los órganos de poder y de que la magia adquirió en los sectores más cultos de la sociedad connotaciones más próximas al mito que a la realidad, su repercusión dejó consecuencias imborrables.

Se continuó creyendo en la brujería y muchos de los componentes fundamentales de las acusaciones contra brujas continuaron alimentando la leyenda.

¿Y hoy?

¿Todavía existe la brujería hoy en día? La respuesta a esta pregunta es fácil y a la vez difícil. Para evitar tópicos e interpretaciones erróneas, en primer lugar aclararemos un aspecto fundamental: hoy en día existe una serie de prácticas y experiencias mágicas, esotéricas y religiosas, que en la época de la caza de brujas habrían sido interpretadas como culto al diablo.

En capítulos anteriores ya hemos visto si los planteamientos inquisidores eran correctos o estaban perturbados por interpretaciones falsas debidas a otros motivos.

Por tanto, tenemos que constatar que si bien en el ámbito de la razón se ha producido una evolución del pensamiento notable, con la consiguiente maduración de las actitudes de cara a todas aquellas manifestaciones rituales, incluso irracionales u opuestas al cristianismo, no se puede decir lo mismo en lo que respecta a la actitud ante el pensamiento mágico.

Efectivamente, todavía hoy, igual que en el pasado, aunque con la intervención de medios e instrumentos más evolucionados, la magia y el esoterismo, junto a otras muchas experiencias que persiguen el crecimiento espiritual, siguen ocupando una posición relevante en la cultura contemporánea.

Wicca, ¿un caso probable de brujería moderna?

La palabra inglesa *witch*, que significa bruja en la acepción moderna, deriva de *wicce*, y luego pasó a *wicca*, que significa «sabia».

En la mitología anglosajona y nórdica en general, el papel de las brujas, aunque no es positivo, tampoco es totalmente negativo. Morgana es bruja y al mismo tiempo hada. Hada deriva de *faunoe*, que pasó a *fautuoe*, y designaba unas criaturas salvajes que nosotros llamaremos espíritus *elementales*, es decir «de los elementos»; posteriormente, el término adquirió el significado de «mujer salvaje», que vive entre los árboles y los musgos del bosque, en los valles, en el fuego y en las aguas. El movimiento Wicca actual entronca con este rostro ambiguo de la bruja, en el que conviven aspectos negativos y positivos en una extraña y no siempre clara simbiosis. La Wicca se propone recopilar todas aquellas tradiciones relacionadas con el paganismo y la brujería, aunque la

mayor parte de los adeptos dice practicar exclusivamente la magia blanca y toma distancias respecto al satanismo.

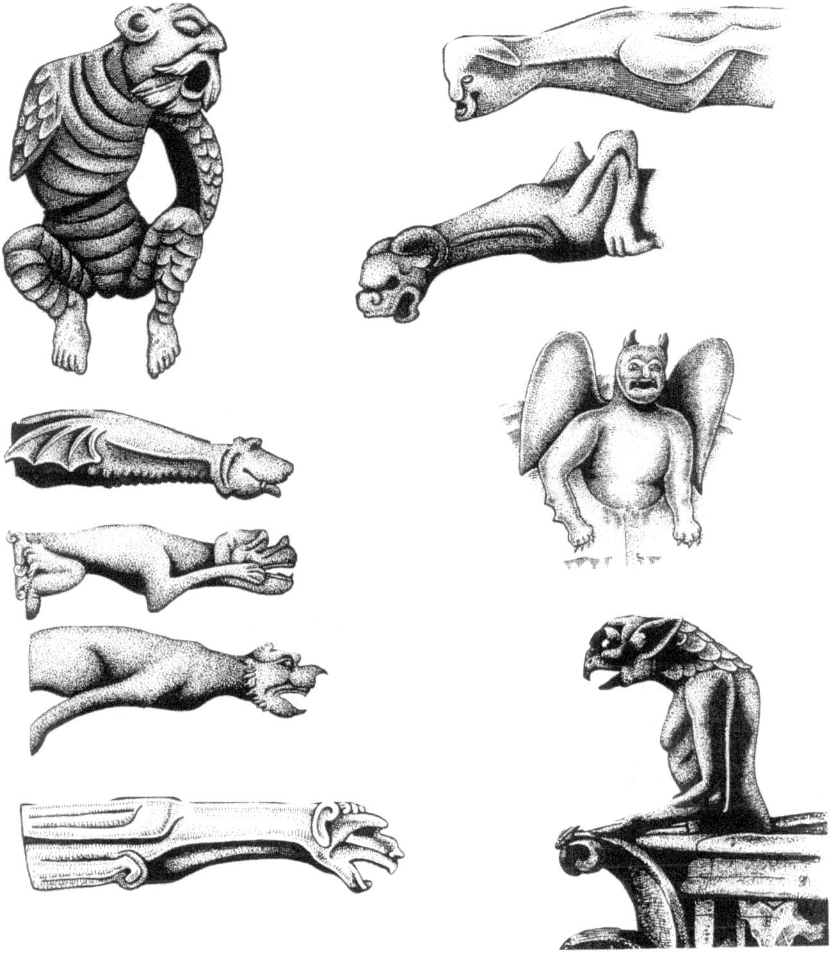

Básicamente, la Wicca pretende ser una especie de «religión de la naturaleza» que se relaciona con figuras del pasado ligadas estrechamente con la tierra, como la Gran Diosa Madre.

Un aspecto interesante con respecto a muchas religiones nuevas es que la Wicca no busca prosélitos y deja total libertad a sus seguidores de tener su propia visión del mundo.

Existen, por tanto, unas diferencias fundamentales entre la denominada *religión de las brujas* y las otras creencias, la primera de las cuales es la relación con la divinidad. En las religiones monoteístas hay un único dios, de sexo masculino, que guía el mundo. La Wicca, en cambio, es una religión politeísta. Lo divino se ve en todos los seres humanos, en las plantas, en los animales, en las piedras, en el cielo y en el agua, en el viento o en las estrellas. Y en todo lo que podemos ver y tocar.

No se puede definir con exactitud qué es la Wicca, porque su única certeza es que toda la naturaleza es sagrada.

Dicho de otro modo, es una visión distinta de la vida en todas sus formas y manifestaciones, posee carácter animista y recupera las actitudes típicas de las religiones más primitivas, aunque es innegable que estas actitudes son, en el plano psicológico, las que se plantea el ser humano ante las fuerzas naturales que rigen su existencia.

Sectas, espiritualidad y magia

La legislación francesa ha incorporado una nueva ley que hace referencia a las sectas. El nuevo delito introducido por la Asamblea Nacional parisina es «Manipulación mental», y se añade a los instrumentos jurídicos de los que ya disponía el Estado para luchar contra los «grupos de carácter sectario».

Naturalmente, el hecho ha suscitado la polémica. No entraremos en valorar la cuestión, pero sí observaremos con más detalle el fenómeno de las sectas.

El término *secta* proviene de la brujería, ya que este era el nombre que daban los inquisidores a los grupos de brujas y brujos que se reunían en los aquelarres para practicar sus ritos.

Hoy en día el término *secta* se utiliza con cierta confusión, sobre todo en los medios de comunicación, para designar a los grupos que practican experiencias mágico-religiosas de distintos tipos, desde las búsquedas espirituales que abarca la New Age hasta las satanistas.

Por el contrario, los estudiosos se muestran reacios a usar el término *secta*, y prefieren hablar de *nuevas religiones*.

En muchos países es un fenómeno de actualidad, que genera cada vez más polémica y que no escapa a los medios de comunicación, ya sea por los sucesos dramáticos de los últimos años, como el caso del gas en un metro japonés, los suicidios en masa en Francia, o bien por el elevado número de adeptos que consiguen captar estos grupos.

Dejando de lado las tendencias espirituales y rituales de las diferentes sectas, que ofrecen un amplio abanico de tendencias y orientaciones religiosas, es de destacar el hecho cosechado por estos grupos en una sociedad hipertecnológica y laica por excelencia, como es la occidental.

Este fenómeno puede valorarse de varios modos, aunque el rasgo común que primero salta a la vista es el papel salvador que los grupos sectarios se atribuyen a sí mismos. Una salvación que recurre a las hipótesis típicas de las religiones apocalípticas, pero que también puede entenderse como un retorno a los orígenes, a los tiempos de las religiones apocalípticas, en los que el hombre y la naturaleza vivían en un contexto definido por la armonía.

Sin embargo, puede haber aspectos más violentos y dramáticos, que se basan en la necesidad de someter a cuantas personas entran a formar parte del grupo a una especie de camino iniciático, no siempre exclusivamente simbólico, y alimentado por interpretaciones de carácter esotérico.

Según los estudiosos de la sociedad moderna, para entender las motivaciones que propician la proliferación de sectas hay que observar la realidad actual. La consolidación de estos grupos no es ninguna casualidad, sino el resultado de un malestar existencial: existe una patología social que crea una serie de necesidades que, al no encontrar satisfacción en la dimensión colectiva, desemboca en la búsqueda de otras alternativas.

Según un primer análisis, el crecimiento del fenómeno de las sectas, paradójicamente, se ha producido por una nueva exigencia de religiosidad.

La crisis espiritual de la sociedad industrial se caracteriza por la transformación de las necesidades y de los intereses religiosos, debidas no sólo a las preferencias personales y al desarrollo intelectual de cada uno, sino también, y quizá lo más importante, a las variaciones de los intereses políticos y económicos, a la movilidad, a la evolución social y a las diferencias en el desarrollo interno del sistema religioso. Estos factores son fundamentales cuando se trata de valorar la relación entre el hombre contemporáneo y lo sagrado.

El complejo entramado que actualmente rodea a los fenómenos religiosos y los pone en contacto con valores laicos, muchas veces diametralmente opuestos, puede haber alterado la relación equilibrada con la esfera de lo sobrenatural.

Las sectas son un fenómeno típico de la segunda mitad del siglo XX, que desde hace ya un tiempo se ha hecho un lugar en la historia de otros países. Italia, que desde siempre había sido un feudo del catolicismo, en poco tiempo no tendrá nada que envidiar a California, patria reconocida de las iniciaciones esotéricas. Pero, ¿qué debe hacerse para detener el fenómeno? Y yendo un poco más allá, ¿se trata de un fenómeno que deba ser detenido?

Probablemente, más que atacar las sectas, quizá sería necesario reforzar la educación religiosa.

Es cierto que en las sectas a menudo ingresan personas de una cierta cultura pertenecientes a la clase media y alta, pero esto no significa que tengan la formación religiosa necesaria. De hecho, muchos de los nuevos adeptos no poseen ningún tipo de conocimiento, no sólo de carácter teológico, sino tampoco histórico, lo cual haría más natural y menos oscura la relación con la religión.

Quizás el intento de eludir los dogmas de las religiones reveladas lleva a la búsqueda de un vínculo más estrecho, subterráneo, misterioso y, sobre todo, selectivo. En este sentido, la secta se propone, a través de un aparato místico y esotérico, una alternativa a la crisis de la colectividad, al aislamiento y a la pérdida de valores, con todos los riesgos que ello puede comportar y, en definitiva, a las carencias típicas de la sociedad de consumo, que prácticamente carece de los referentes fundamentales para su desarrollo.

El grupo de adeptos tiene la oportunidad de encontrar propuestas para experiencias comunes, y sobre todo de experimentar la llamada a la reflexión interior, realizada evocando un mensaje de salvación, a veces expresado en el tono escatológico propio de la tradición judeocristiana.

En muchos casos, la ideología que alimenta la secta se basa en la convicción de que el reino de Dios está a punto de cumplirse, según directrices claramente opuestas a los dogmas de los monoteísmos.

El integrismo de la secta se basa en un mensaje vivido de manera no siempre coherente, en el que a menudo se mezclan de forma acrítica elementos de tradiciones religiosas muy diversas y que produce un sentimiento de pertenencia a una comunidad «diferente» de todas las demás.

Debemos observar que el mensaje de salvación de la secta se realiza precisamente mediante el descubrimiento de una tradición esotérica interiorizada por el individuo que lo convierte en un modelo esencial. Este modelo le permite entrar en una dimensión en la que se siente parte de un todo hecho de armonías cósmicas, incomprensibles para el no adepto.

Analizándolo en conjunto, el fenómeno secta se presenta como un proceso que determina un nuevo «nacimiento» de los adeptos. Poco a poco, estos abandonan su cultura original, llegando incluso a cortar los contactos con el pasado y a romper con la familia. Uniéndose a otras personas en la nueva realidad cultural de la secta, los seguidores creen encontrar un sentido a la vida: aquel sentido perdido en la rutina de la vida cotidiana, en la que cada experiencia y cada acción acaban no teniendo historia y consumiéndose en el mismo momento en que tienen lugar. En este sentido, la secta se convierte en un camino, en una oportunidad para huir de la devastadora vorágine contemporánea, y

encontrar (reencontrar) un equilibrio cósmico a través de las trayectorias de una sacralidad de la que nuestra civilización ha prescindido. Esto justifica la necesidad de estudiar estos fenómenos antes de reprimirlos, para intentar comprender —desde el punto de vista sociológico y espiritual— el terreno en que nace y se desarrolla la secta.

Nuestra propia civilización ha creado el abono para las sectas. Se trata, quizá, de una máquina casi perfecta, pero que para alimentarse necesita excluir aspectos considerados poco prácticos, como el espíritu, lo sagrado, la armonía entre el hombre y la naturaleza. Y sin embargo, estos aspectos no pueden ser eliminados sin efectos colaterales. La Iglesia también debería preguntarse acerca de las necesidades que provocan la creación de grupos «diferentes» que buscan una nueva espiritualidad, de respuestas nuevas que, por lo que parece, no es posible encontrar en el *mare magnum* de los dogmas de los grandes monoteísmos.

El satanismo contemporáneo

El fenómeno que actualmente, en virtud de sus características y de sus fines, está relacionado más directamente con las prácticas que antaño se atribuían a las brujas, es el satanismo.

Desde un punto de vista técnico, las similitudes son evidentes.

La brujería es un fenómeno que se sitúa en la antítesis de la cultura religiosa tradicional y no presenta elementos que puedan permitir su integración en ninguna religión revelada.

Al igual que el satanismo, la brujería recurre a la magia negra, mezclando figuras y culturas provenientes de contextos muy diferentes entre sí.

Sin embargo, *satanismo* es un término vago, acuñado a partir del siglo XIX, que ha encontrado en la literatura una importante caja de resonancia.

A través de las interpretaciones de Sade, Milton Blake y del decadentismo francés, el satanismo ha asumido en la cultura moderna el papel de máquina revolucionaria, capaz de poner en marcha una especie de contracultura opuesta a modelos religiosos y burgueses considerados obsoletos.

Al satanismo se lo ha relacionado con algunas corrientes anticlericales y masónicas de la segunda mitad del siglo XIX, y luego ha encontrado una identidad más precisa en la constitución de lo que se ha denominado Iglesia de Satanás, a la que se han dirigido hasta ahora todos aquellos grupos que practican el culto al diablo en oposición, con grados diversos, a la religión cristiana.

A través de la televisión y de la prensa escrita nos llegan informaciones sobre profanaciones de cementerios y de iglesias atribuidas a grupos satánicos o que se consideran como tales.

Estos actos vandálicos no son más que actos vandálicos, y relacionarlos con el satanismo o corrientes relacionadas es dar una visión superficial y simplista de dichos episodios. Sin embargo, no debemos olvidar que este tipo de acciones pretenden relacionarse, en la mente de quien las lleva a cabo, con el oscuro mundo de lo demoniaco, del cual recuperan figuras y escenas que creíamos relegadas a una Edad Media más literaria que histórica, o a determinadas

películas de terror que tanto éxito tienen entre los aficionados al género. Por lo general, quien profana las tumbas con pretensiones simbólicas y rituales lleva a cabo las acciones en el lugar, utilizando escritos, signos y otros elementos complementarios, y se dedica a prácticas de varios tipos, que pueden llegar hasta la sustracción de restos humanos.

La profanación nunca puede ser considerada como una «valentonada», porque siempre hay algo que la anima. Sin llegar al satanismo, no hay que olvidar que acciones de este tipo son la expresión de la voluntad de atacar algunos puntos de referencia espiritual aceptados por la sociedad.

Quien se ensaña contra los muertos intenta, con un lenguaje que a menudo resulta indescifrable, comunicar algo a los vivos. Traducir este mensaje no siempre resulta fácil. Cruces invertidas, velas negras, pintadas en el suelo, restos de sacrificios (que muchas veces son simbólicos) y de actividad sexual, es lo que suele hallarse en los lugares donde se han celebrado misas negras. Estas son una auténtica parodia de la misa cristiana, representan una especie de homenaje al diablo y en ellas se podrían encontrar elementos relacionados con el aquelarre de las brujas. Los satanistas modernos siguen los libros de Aleister Crowley, un auténtico maestro de la magia negra y del ocultismo demoniaco. Sustancialmente, todo este vasto cuerpo de experiencias se expresa en muchos aspectos con características que pueden relacionarse con la imagen de la brujería que nos ha llegado a través de las descripciones aportadas por los cazadores de brujas y por quienes creían en una brujería demoniaca totalmente orientada al culto de Satanás.

El diablo, probablemente

Recientemente se ha reescrito en lenguaje corriente el *Ritual* para el rito del exorcismo: un acontecimiento innovador si se tiene en cuenta que el *De exorcizandis obsessis a daemonio*, que está contenido en el *Rituale Romanorum* de Pablo V, se remonta al año 1614. Sin embargo, esta adaptación no ha sido del agrado de todos los exorcistas y ha dado pie a una polémica en los ámbitos teológico y ético. Pero dejando de lado los aspectos filológicos, cabe preguntarse: ¿tiene sentido hablar hoy en día de exorcismo, a principios del siglo XXI?

Parece que sí. De hecho, cada año hay miles de presuntos endemoniados que acuden a exorcistas oficiales (curas autorizados por la Iglesia para desempeñar este importante trabajo) para ser liberados de los más variados males en cuyo origen estaría supuestamente el diablo. Los exorcistas reconocidos, es decir, los que tratan a estas personas que afirman estar poseídas, son muy cautos al hablar de Satanás. En muchas ocasiones, quienes creen ser víctimas de demonio en realidad son presa de sus propios miedos, sufren psicosis y otros tipos de problemas que un neurólogo o un psiquiatra podría resolver sin agua bendita ni *Rituale Romanorum*. Es difícil construir el retrato robot de la persona que acude al exorcista. Normalmente son individuos que ya antes han demostrado tener cierta inclinación por lo oculto. Otro grupo está formado por personas débiles que se dejan seducir por las adulaciones de las sectas y de congregaciones *sui generis*.

Por último, están los que ven a Satanás por todas partes y recurren a magos y similares buscando una improbable serenidad en filtros y rituales absurdos. De este modo caen en un círculo vicioso de irracionalidad, en el que la superstición se adueña de cualquier acción.

Entonces, ¿el diablo no existe? El asunto no es tan simple. Entre centenares de casos de presunta posesión que pueden ser resueltos mediante cuidados de la mente y del alma, hay algunos, dicen los expertos, que emanan un fuerte olor a azufre... Los exorcistas recuerdan que la posesión diabólica es el efecto de la denominada actividad maléfica «extraordinaria»: se trata de una presencia del demonio en el cuerpo humano, que ahoga la guía de la propia persona a través de la que se ha insinuado Satanás. De este modo el hombre se convierte en un instrumento ciego, que ejecuta las órdenes del Señor del Mal con actitudes a menudo contrarias a la moral, ya sea cristiana o laica.

Sólo en pocos casos (2-3 %) el exorcista recurre al rito, porque casi siempre las terapias médicas y psicológicas dan buenos resultados.

Sin embargo, sigue habiendo un pequeño porcentaje de endemoniados. Y cuando el demonio tira de la manta, se descubren los pasteles. La historia lo demuestra y las noticias de todos los días, muy a pesar nuestro, lo confirman.

Brujería y literatura: dos interpretaciones entre los siglos XIX y XX

El universo de la literatura contiene cientos de páginas en los que el intento esotérico de los autores es palpable, pero que muchas veces sólo se puede interpretar con la ayuda de una guía que sepa sondear el misterio de la escritura.

El misterioso Satanás de Giosué Carducci

Un ejemplo muy peculiar es una poesía aparentemente «satánica» de Giosué Carducci, pero que en realidad pretende ser mucho más que un banal himno al demonio.

Es el poema *A Satanás*, una experiencia literaria que no debe catalogarse, a pesar de las apariencias, como perteneciente a la línea de la maldición, sino a lo alegórico, cuyo tema tiene un valor principalmente esotérico y esconde un mensaje secreto accesible a pocas personas.

Para el poeta, Satanás es una figura que representa la libertad, la fuerza de la búsqueda del conocimiento, guiada con la ayuda de lo paradójico y de un lenguaje con rasgos mágicos. Según el propio autor, *A Satanás*, publicado el 8 de diciembre de 1869 bajo el seudónimo de Enotrio Romano, fue la «expresión espontánea, el chorro, diría, de sentimientos totalmente individuales, como me salió del corazón, una noche de septiembre de 1863. Mi alma, después de varios años de búsqueda y de dudas y experimentos penosos, por fin había encontrado su verbo».

A ti,
principio inmenso del ser;
materia y espíritu
razón y sentido;
mientras en los cálices
el vino centellea
como el alma
en la pupila;
mientras sonríen
la tierra y el sol
y se intercambian
palabras de amor;
y corre un escalofrío
de himen arcano
desde los montes y palpita
fecunda la llanura;
a ti entrego
el verso osado;
a ti te invoco,
oh Satanás,
rey del convite.
Fuera el aspersorio,
sacerdote, y tu metro.
No, sacerdote, Satanás
no vuelve atrás.
Mira: la herrumbre roe a Miguel
la espada mística;
y el fiel desplumado arcángel
cae en el vacío.
Helado está el rayo
en la mano de Jehová.
Meteoros pálidos,
planetas apagados,
llueven los ángeles
de los cielos.
Ni la materia
que nunca duerme
rey de los fenómenos
rey de las formas,
sólo vive Satanás.
Él tiene el imperio
en el lampo trémulo
de un ojo negro
o que lánguido
huya y resista,
o acre y húmedo
provoque, insista.
Burbujas de los racimos
en la sangre gustosa,
que no deja languidecer la alegría,
que la fugaz vida restaura,
que el dolor prolonga,
que al amor incita.
Tú respiras, oh Satanás,
en el verso mío,
si desde dentro me rompes
desafiando al dios
de los reyes pontífices,
de los reyes cruentos
y como el rayo agitas los ánimos.
A ti, Agramainio,
Adonis, Astarte,
y lápidas vieron, y telas y papeles,
cuando las jónicas
auras serenas
se deleitó Venus
Anadiomena.
A ti, del Líbano
tiemblan las plantas
del alma Cípride
amante resucitado:
a ti dedican
las danzas y los coros,
a ti vírgenes
cándidos amores;
entre las odoríferas
palmas de Idume,
donde blanquea
la blanca espuma.
¿Qué vale si bárbaro
el nazareno
furor del ágape
del rito obsceno
con frasco sagrado
los templos hizo arder
y los signos de argólicos
por tierra esparció?
Tú acogiste prófuga
entre los dioses de los lares
a la plebe agradecida
en las casuchas.
Luego un femíneo
seno palpitante
llenando, ardiente
numen y amante,
la bruja pálida

de cuidado eterno
fuiste a socorrer
la doliente naturaleza.
Tú, con el ojo inmóvil
del alquimista,
tú del indócil
mago a la vista,
del claustro tórpido
al otro lado de la verja,
revela los resplandecientes
cielos noveles.
A la Tebaida
tú en las cosas
huyendo, el monje
triste se oculta.
Oh, por tu camino
alma dividida, benigno es Satanás;
he aquí Eloísa.
En vano te mortificas
el áspero sayo:
el verso él murmura
de Maro y Flacco
entre la davídica
nenia y el llanto;
y, formas délficas,
a ti por el canto,
róseas en la hórrida
compañía negra,
lleva a Licoridias,
lleva a Glicera.
Pero de las otras imágenes
de edad más bella
quizá se llena
la insomne celda.
Él, de las páginas
de Livio, ardientes
tribunas, cónsules,
muchedumbres enfurecidas
despierta: y fantástico
de ítalo orgullo
te empuja, oh monje,
al Capitolio.
Y vosotros, que la rabiosa
hoguera no fundió,
voces fatídicas,
Wicleffe y Husse,
al aura el vigilante
grito enviáis:

se innova el siglo,
lleno está el verano.
Y ya tiemblan
mitras y coronas:
del claustro refunfuña
la rebelión,
y pugna y predica
bajo la estola
de fray Girolamo
Savonarola.
Tiró la túnica
Martín Lutero;
tira tus arraigos,
pensamiento humano,
y resplandece y fulgura
cinturón de llamas;
materia levántate,
Satanás ha vencido.
Un bello y horrible
monstruo se suelta,
corre los océanos,
corre la tierra:
encendido y humeante
como los volcanes,
los montes supera,
devora los planos;
sobrevuela los abismos;
luego se esconde
en antros incógnitos,
por vías profundas;
y sale; e indómito
de orilla a orilla
como de torbellino
el aliento extiende:
él pasa, oh pueblos,
Satanás el grande.
Pasa benéfico
de lugar en lugar
en su irrefrenable
carro de fuego.
¡Salud, oh Satanás,
oh rebelión,
oh fuerza vengadora
de la razón!
¡Consagrados a ti se alzan
los inciensos y los votos!
Has vencido al Jehová
de los sacerdotes.

Una bruja llamada Mary Poppins

En el siglo XX, el psicoanálisis nos ha enseñado a observar con una perspectiva nueva muchas experiencias prácticas y simbólicas de la cultura. Cuando al análisis freudiano y al trabajo crítico de las ciencias sociales se añade el peso de la ideología, la mezcla resulta a veces mortífera, y en algún caso es tan explosiva que derrumba tópicos y modelos considerados indiscutibles.

Los casos son múltiples y tienen el poder de lograr sorprendernos siempre un poco, especialmente cuando los temas del análisis son manifestaciones profundamente arraigadas en nuestra tradición.

Las víctimas de la interpretación analítica son muchas, a veces inesperadas, y en ciertas ocasiones inocentes; la filología puede adaptarse a todo, y cuando cae en manos que se rigen por ideas preconcebidas, es como dar una pistola a un niño.

Desde hace unos años, en periódicos de medio mundo, de vez en cuando aparece un artículo sobre un personaje que puede considerarse un emblema de la relectura crítica: Mary Poppins.

Sí, precisamente ella, la canguro encantadora nacida de la fantasía de Pamela Travers y que para la mayoría de nosotros tiene el rostro de Julie Andrews. ¿Qué puede haber de negativo, o por lo menos de insólito detrás de aquella figura dócil y fascinante, un poco criatura asexuada, atemporal y un poco hada? Hay aquel velo de fantasía y de llamada a lo sobrenatural, que en la posterior relectura se ha convertido en la expresión de una ambigüedad en cuyos pliegues sería posible identificar los signos de una llamada al mundo oculto y esotérico...

Pamela Travers, nacida en Queensland (Australia) en 1906, para crear a su personaje se inspiró en una pariente lejana. Se trataba de una mujer, entonces ya anciana, que proporcionó a su nieta muchos argumentos para dar forma a su personaje.

Pero, en realidad —dicen las personas bien documentadas—, el personaje de Mary Poppins tiene un origen muy diferente, y se explicaría por los flirteos de su creadora con la cultura esotérica, que de Gurdjieff llegó a Yeats, pasando por Golden Dawn.

Los buscadores de «signos» actuales que persiguen entre las páginas del libro referencias a la tradición ocultista, alquimista e incluso satánica hunden sus instrumentos en profundidad y plantean hipótesis sugestivas que, en cualquier caso, son bastante frágiles si no se apoyan en las fuentes oportunas.

Hay quien dice que un ejemplo característico que demuestra la relación de Mary Poppins con el mundo de las brujas y las hechiceras sería la inversión de las reglas de convivencia que este personaje volador es capaz de provocar. Este sería el caso por ejemplo del jardín zoológico donde los animales viven libres, y los que están enjaulados son los visitantes.

Otro signo de las influencias mágicas que se encuentran en las aventuras de Mary Poppins sería el recurso a animales simbólicos, aprovechados para marcar la narración con tonos que se relacionan con la tradición mágica y ocultista.

Y también aparecen en el texto afirmaciones ambivalentes, que detrás de la apariencia esconderá un fraseo típico del lenguaje esotérico. A todo ello hay que añadir una referencia continua al universo del mito, que sería, para algunos, una prueba muy clara de la «peligrosidad» de Mary Poppins, o por lo menos, dejaría entrever un fondo poco conforme con la literatura infantil. ¿Cómo se puede olvidar que la criatura extraordinaria de Pamela Travers tiene el poder de volar, de hacer magia, de producir sueños?

En el pasado, algunos estudiosos se preguntaron, incluso con una cierta alarma, acerca de las «presencias paganas» que hipotéticamente podía encerrar la literatura de fantasía, y advirtieron del posible riesgo de tales creaciones.

¿Riesgo? Quizás el fondo «pagano» de los mitos asusta a algunos críticos, los cuales, sin embargo, olvidan que el paganismo está muy vivo, se mantiene activo en muchas otras manifestaciones culturales y que, sobre todo, no tiene ninguna intención de captar adeptos. El riesgo, en todo caso, sería borrar todos los indicios de esta expresión cultural que se presenta sin arrogancia como depositaria de un pasado, de una identidad, de una tradición. Si algo está claro es que Occidente no recuperará la espiritualidad perdida demonizando elfos, duendes, hadas y dragones.

BIBLIOGRAFÍA

La bibliografía sobre la brujería es muy extensa. En este apartado citaremos algunos textos fundamentales.

AA.VV., *La stregoneria in Europa (1450-1650)*, Bolonia, 1975.
ABBIATI, S., A. AGNOLETTO y M. R. LAZZATI, *La stregoneria. Diavoli, streghe, inquisitori dal Trecento al Settecento*, Milán, 1984.
ALVAR, A., *La Inquisición española*, Ediciones Akal, 1996.
BALDUCCI, C., *Los endemoniados, hoy*, Editorial Marfil, 1965.
—, *La fabulosa vida de Nostradamus*, Ediciones del Prado, 1991.
—, *La posesión diabólica*, Ediciones Martínez Roca, 1976.
BAROJA, J. C., *Inquisición, brujería y criptojudaísmo*, Editorial Ariel, 1970.
—, *Vidas mágicas e Inquisición*, Ediciones Istmo, 1992.
BARREIRO, B., *Brujos y astrólogos de la Inquisición de Galicia y el famoso libro*, Ediciones Akal, 1980.
BONOMO, G., *Caccia alle streghe*, Palermo, 1959.
CAPITANI, O., *L'eresia medievale*, Bolonia, 1971.
—, *Medioevo eretico*, Bolonia, 1977.
CARDINI, F., *Magia, stregoneria, superstizioni ne'll Occidente medievale*, Florencia, 1979. (Edición en castellano *Magia, brujería y superstición en el occidente medieval*, Ediciones Península).
—, *La strega nel medievo*, Florencia, 1977.
—, *Processi alla Chiesa. Mistificazione e apologia*, Casal Monferrate, 1994.
CLOTES. J. y L. W. DAVID, *Los chamanes de la prehistoria*, Editorial Ariel, 2001.
CRAVERI, M., *Sante e streghe. Biografie e documenti dal XIV al XVII secolo*, Milán, 1980.
DELEMEAU, J., *La paura in Occidente (secoli XIV-XVII). La città assediata*, Turín, 1975.
DELFINO, G. y A. SCHUMCKHER, *Stregoneria, magia, credenze e superstizioni a Genova e in Liguria*, Florencia, 1983.
DE MONTAL, J., *Lo sciamanismo*, Milán, 1985.
DEVEREAUX, G., *Saggi di etnopsichiatria generale*, Roma, 1978.
DI NOLA, A. M., *Il diavolo*, Roma, 1987.
DOUGLAS, M., (ed.) *La stregoneria. Confessioni e accuse nell'analisi di storici e antropologi*, Turín, 1970.
DUESO, J. M., *Brujería en el País Vasco*, Orain, 1997.
ELIADE, M., *El chamanismo y las técnicas arcaicas del éxtasis*, Fondo de Cultura Económica de España, 2001.
—, *Historia de las creencias y de las ideas religiosas*, Ediciones Paidós Ibérica, 1999.
—, *Occultismo, stregoneria e mode culturali*, Florencia, 1982.
—, *Tratado de historia de las religiones*, Ediciones Cristiandad, 2001.

EVANS-PRITCHARD, E. E., *Stregoneria, oracoli e magie tra gli Azande*, Milán, 1976.
FAGGIN, G., *Le streghe*, Milán, 1959.
FIORELLI, P., *La tortura giudiziaria nel diritto comune*, Milán, 1953-1954.
GALLI, G., *Occidente misterioso,* Milán, 1987.
GINZBURG, C., *I Benandanti. Ricerche sulla stregoneria e sui culti agrari tra Cinquecento e Seicento,* Turín, 1966.
—, *Storia notturna. Una decifrazione del sabba,* Turín, 1989.
GOLLINO BONTEMPI, A., *Storia della stregoneria e dei processi alle streghe,* Milán, 1972.
GÓMEZ FERNÁNDEZ, J. R., *Las plantas en la brujería medieval*, Celeste Ediciones, 1999.
GRUNDMANN, H., *Movimenti religiosi nel Medioevo,* Bolonia, 1980.
GUIRDHAM, A., *L'ossessione diabolica*, Roma, 1974.
HAAG, H., *La credenza nel diavolo,* Milán, 1976.
HARRIS, M., *Antropologia culturale*, Bolonia, 1990.
HENNINGSEN, G., *L'avvocato delle streghe*, Milán, 1990.
IEDIN, H., *Storia del Concilio di Trento,* Brescia, 1962.
LEA, H. C., *Historia de la Inquisición española*, Fundación Universitaria Española, 1982.
LEVACK, B., *La caccia alle streghe in Europa agli inizi dell'Età Moderna*, Bari, 1988.
LEWIS, J. M., *La religioni estatiche*, Roma, 1972.
LLORENTE, J. A., *Historia crítica de la Inquisición en España*, Ediciones Hiperión.
MALINOWSKI, B., *Magia, scienza e religione,* Roma, 1976.
MANDROU, R., *Magistrati e streghe nella Francia del Seicento,* Roma-Bari, 1979.
MANSELLI, R., *Magia e stregoneria nel medioevo,* Turín, 1976.
MAUSS, M., *Teoria generale della magia e altri saggi,* Roma, 1977.
MAZZALI, T., *Il martirio delle streghe,* Milán, 1988.
MAZZUCCHELLI, M., *Le bambole di Satana,* Milán, 1968.
MICHELET, J., *La strega,* Milán, 1987.
MONTAL, A., *El chamanismo*, Ediciones Granica, 1987.
MURRAY, A., *Il dio delle streghe*, Roma, 1972.
—, *Le streghe nell'Europa occidentale,* Roma, 1978.
PANIZZA, A., *Processi contro le streghe nel Trentino,* Trento, 1888.
PARINETTO, L., *Materiali sul sabba,* Milán, 1990.
—, *Streghe e politica*, Milán, 1983.
PICCA, P., *Erotismo e stregoneria,* Roma, 1937.
PRAZ, M., *La carne, la muerte y el diablo en la literatura romántica,* 1999.
ROMANELLO, R. (ed.), *La stregoneria in Europa (1450-1650),* Bolonia, 1975.
ROMO, I. R., *La brujería*, Bruguera, 1984.
ROSA, G., *Stregoneria: ricerche storiche intorno le streghe*, Bérgamo, 1880.
RUSSEL, J. B., *Satana. Il diavolo e l'inferno tra il I e il V secolo,* Milán, 1986.
—, *Il diavolo nel Medio Evo,* Roma-Bari, 1987.
—, *Il diavolo nel mondo antico,* Roma-Bari, 1989.
—, *Il diavolo nel mondo moderno,* Bari, 1988.
—, *Il principe delle tenebre,* Bari, 1990.
SCHMITT, J. C., *Medioevo superstizioso*, Bari, 1992.
SCOTT, A., *Discovery of Witchraft*, Londres, 1930.
SÉBILLOT, P., *Riti precristiani nel folklore europeo,* Milán, 1980.
—, *Le folklore de France*, París, 1905.
SUMMERS, M., *Storia della stregoneria e della demonologia,* Londres, 1926.
—, *Geografia della stregoneria*, Londres, 1927.
TREVOR-ROPER, H. R., *Protestantesimo e trasformazione sociale*, Bari, 1975.
TRONCARELLI, F., *Le streghe,* Roma, 1983.
VIVAN, I., *Caccia alle streghe ne'll America puritana*, Milán, 1972.

www.ingramcontent.com/pod-product-compliance
Lightning Source LLC
Chambersburg PA
CBHW080441170426
43195CB00017B/2848